京都ドリル

淡交社編集局 編

淡交社

目次

本書の特徴

京都に関する問題をさまざまな形式で出題するドリルです。1日2頁を基本に、ひと月30日分、1週間をルーティンとし、週の終わりには図解問題と解答を付しています。頭と手を使って、楽しみながら京都についての学びも深まります。

京都をより深く、学びたい方に楽しんでいただける一冊です。

本書の問題と解答について

●本書は「京都」に関するドリルとして編集したものです。

●出題した「京都」に関する用語、寺社名や祭事名には、いくつかの読み方や用字、異同などがありますが、原則として、後述の参考書籍の表記に則っています。

本書の使い方

見開き2頁が1日分の問題です

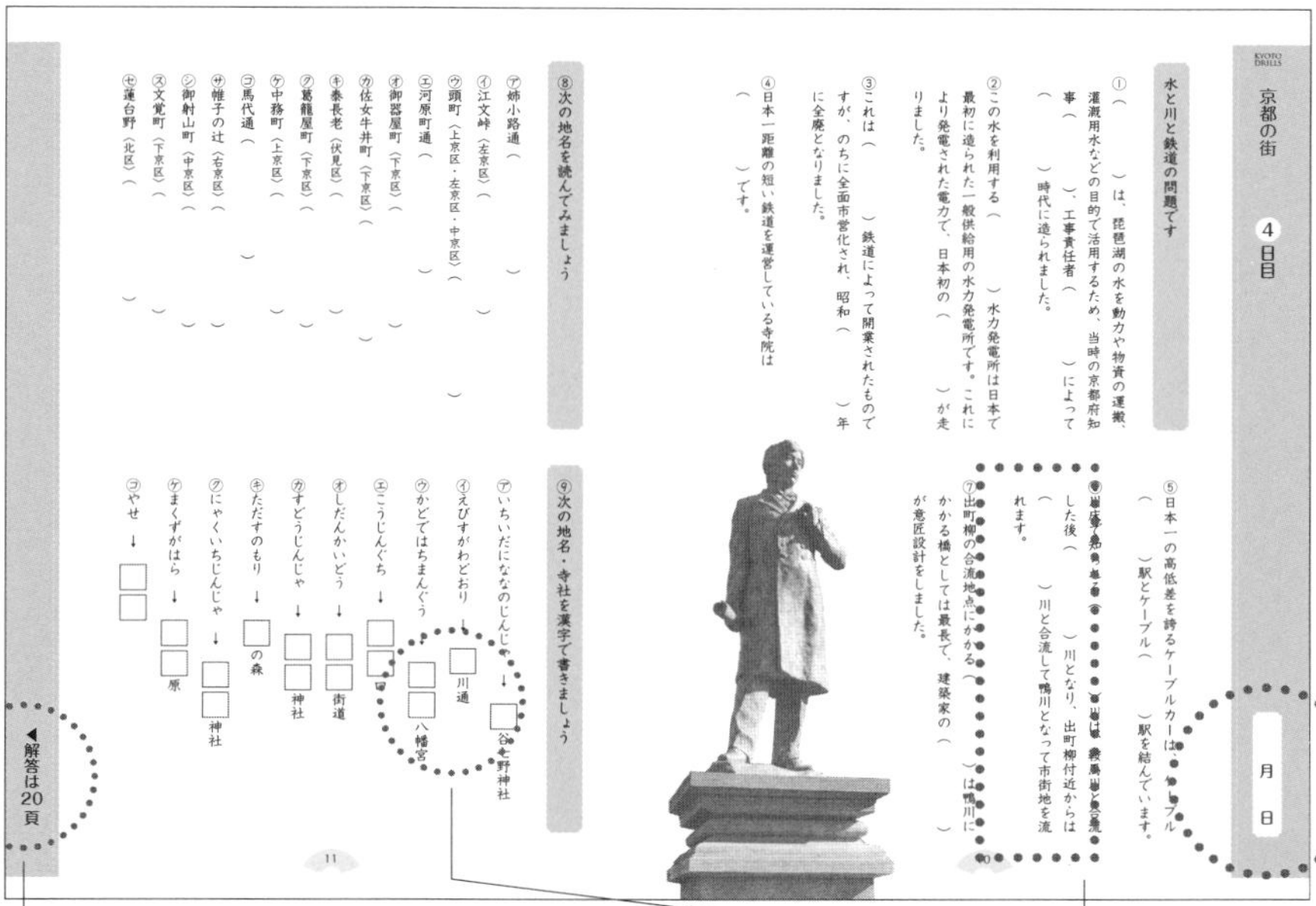

KYOTO DRILLS

京都の街　4日目

月　日

水と川と鉄道の問題です

①（　　）は、琵琶湖の水を動力や物資の運搬、灌漑用水などの目的で活用するため、当時の京都府知事（　　）、工事責任者（　　）によって（　　）時代に造られました。

②この水を利用する（　　）水力発電所は日本で最初に造られた一般供給用の水力発電所です。これにより発電された電力で、日本初の（　　）が走りました。

③これは（　　）鉄道によって開業されたものですが、のちに全面市営化され、昭和（　　）年に全廃となりました。

④日本一距離の短い鉄道を運営している寺院は（　　）です。

⑤日本一の高低差を誇るケーブルカーは、ケーブル（　　）駅とケーブル（　　）駅を結んでいます。

⑥[illegible]川は[illegible]川と合流した後（　　）川となり、出町柳付近からは（　　）川と合流して鴨川となって市街地を流れます。

⑦出町柳の合流地点にかかる（　　）は鴨川にかかる橋としては最長で、建築家の（　　）が意匠設計をしました。

⑧次の地名を読んでみましょう

㋐姉小路通（　　）
㋑江文峠〈左京区〉（　　）
㋒頭町〈上京区・左京区・中京区〉（　　）
㋓河原町通（　　）
㋔御器屋町〈下京区〉（　　）
㋕佐女牛井町〈下京区〉（　　）
㋖泰長老〈伏見区〉（　　）
㋗葛籠屋町〈下京区〉（　　）
㋘中務町〈上京区〉（　　）
㋙馬代通（　　）
㋚帷子の辻〈右京区〉（　　）
㋛御射山町〈中京区〉（　　）
㋜文覚町〈下京区〉（　　）
㋝蓮台野〈北区〉（　　）

⑨次の地名・寺社を漢字で書きましょう

㋐いちいだにななのじんじゃ→□谷□野神社
㋑えびすがわどおり→□川通
㋒かどではちまんぐう→□□八幡宮
㋓こうじんぐち→□□口
㋔しだんかいどう→□□街道
㋕すどうじんじゃ→□□神社
㋖ただすのもり→□の森
㋗にゃくいちじんじゃ→□□神社
㋘まくずがはら→□□原
㋙やせ→□□

◀解答は20頁

10　11

解いた日

問題を解いた日を記入して、記録に残しておきましょう。

問題文

問題の説明をしています。

答えを書く

一マス（□）には1文字が入ります。カッコ（　）は文字数の指定はありません。

解答を確認

問題を解き終わったら、解答頁で答えを確認しましょう。解答頁には1週間分の解答がまとめて掲載されています。

ひとやすみ

1週間の終わりには、図解問題を設けています。気分転換を兼ねて、楽しみながら解いてみましょう。

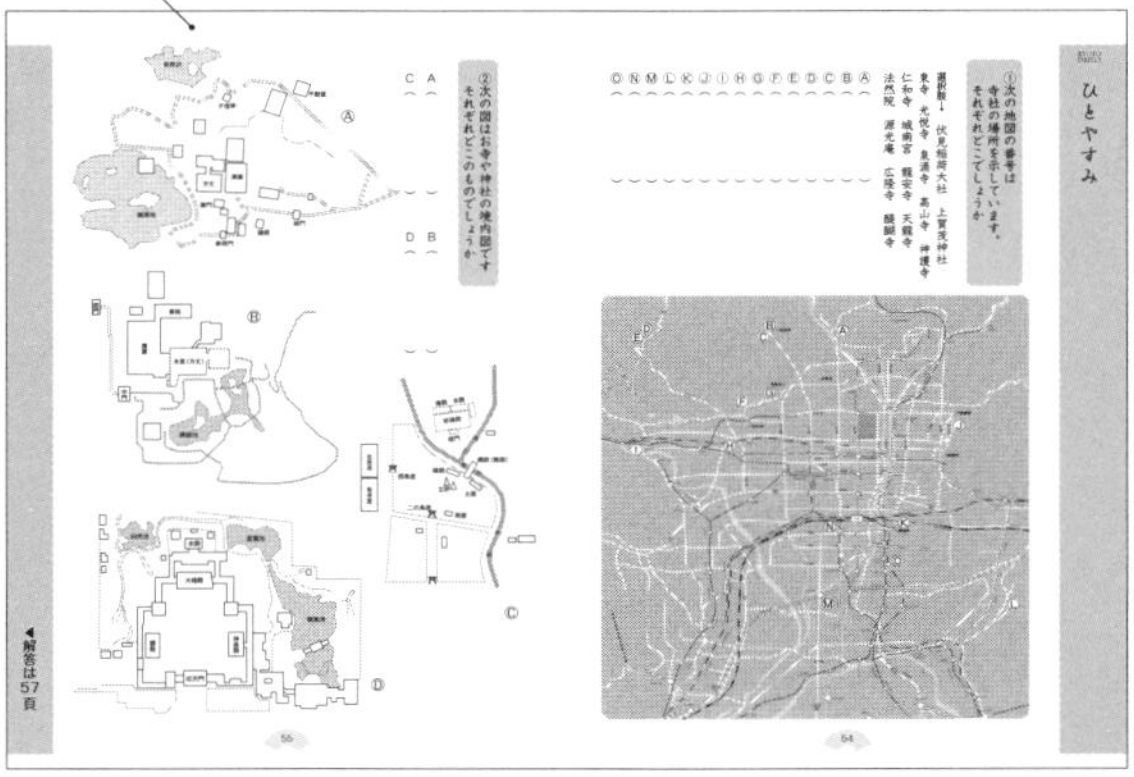

ひとやすみ

①次の地図の番号は寺社の場所を示しています。それぞれどこでしょうか

選択肢↓　伏見稲荷大社　上賀茂神社　東寺　光悦寺　高山寺　神護寺　仁和寺　城南宮　龍安寺　天龍寺　法然院　源光庵　広隆寺　醍醐寺

Ⓐ（　）Ⓑ（　）Ⓒ（　）Ⓓ（　）Ⓔ（　）Ⓕ（　）Ⓖ（　）Ⓗ（　）Ⓘ（　）Ⓙ（　）Ⓚ（　）Ⓛ（　）Ⓜ（　）Ⓝ（　）Ⓞ（　）

②次の図はお寺や神社の境内図です　それぞれどこのものでしょうか

A（　）B（　）C（　）D（　）

◀解答は57頁

KYOTO DRILLS

京都の街

1日目

月　日

①京都市の区名を面積の広い順に挙げましょう

㋐（　　　）京区 → ㋑（　　　）京区 →
㋒（　　　）区 → ㋓（　　　）区 →
㋔（　　　）区 → ㋕（　　　）区 →
㋖（　　　）区 → ㋗（　　　）区 →
㋘（　　　）京区 → ㋙（　　　）京区 →
㋚（　　　）京区

②京都市に隣接する府下の市町村が8つあります
それはどこでしょうか

（　　　）（　　　）
（　　　）（　　　）
（　　　）（　　　）
（　　　）（　　　）

③接している区が最も多い区が4つあります
どこでしょう

（　　　）区（　　　）区
（　　　）区（　　　）区

④接している区が最も少ない区はどこでしょう

（　　　）区

⑤次の地名を読んでみましょう

㋐不明門通（　　　　）

㋑猪熊通（　　　　）

㋒御室〈右京区〉（　　　　）

㋓上終町〈左京区〉（　　　　）

㋔神殿町〈左京区〉（　　　　）

㋕皀莢町〈上京区〉（　　　　）

㋖蹴上〈東山区〉（　　　　）

㋗檀ノ後〈山科区〉（　　　　）

㋘僧尊坊町〈伏見区〉（　　　　）

㋙納所町〈伏見区〉（　　　　）

㋚日暮通（　　　　）

㋛真苧屋町〈下京区〉（　　　　）

㋜明水町〈右京区〉（　　　　）

㋝遊行前町〈東山区〉（　　　　）

⑥次の地名・寺院を漢字で書きましょう

㋐あいのまちどおり　↓　□□□通

㋑うずまさ　↓　□□

㋒おたぎねんぶつじ　↓　□□念仏寺

㋓きづやばしどおり　↓　□□□橋通

㋔さんねいざか　↓　□□坂

㋕しんせんえん　↓　□□□

㋖たいしみち　↓　□□道

㋗とりべの　↓　鳥□野

㋘ふなおかやま　↓　□□山

㋙みぶ　↓　□□

㋚ろくどうちんのうじ　↓　六道□□寺

◀解答は20頁

京都の街 ❷日目

月　日

①京都市内の山と標高を線で結びましょう

㋐皆子山・　　・a　382m
㋑愛宕山・　　・b　201m
㋒大文字山・　　・c　972m
㋓嵐山・　　・d　924m
㋔衣笠山・　　・e　465m

②京都につながる街道の出入口「京の七口」それぞれ口がつながっていた街道名は何というでしょう

㋐鞍馬口（　　　　街道）
㋑竹田口（　　　　街道）
㋒大原口（　　　　街道）
㋓丹波口（　　　　街道）
㋔伏見口（　　　　街道）

③次の人物の墓所といわれるところはどこでしょうか。線で結びましょう

㋐足利尊氏・　　・a　二尊院
㋑織田信長・　　・b　京都霊山護国神社
㋒石田三成・　　・c　等持院
㋓坂本龍馬・　　・d　大徳寺総見院
㋔角倉了以・　　・e　長楽寺
㋕頼山陽・　　・f　大徳寺三玄院

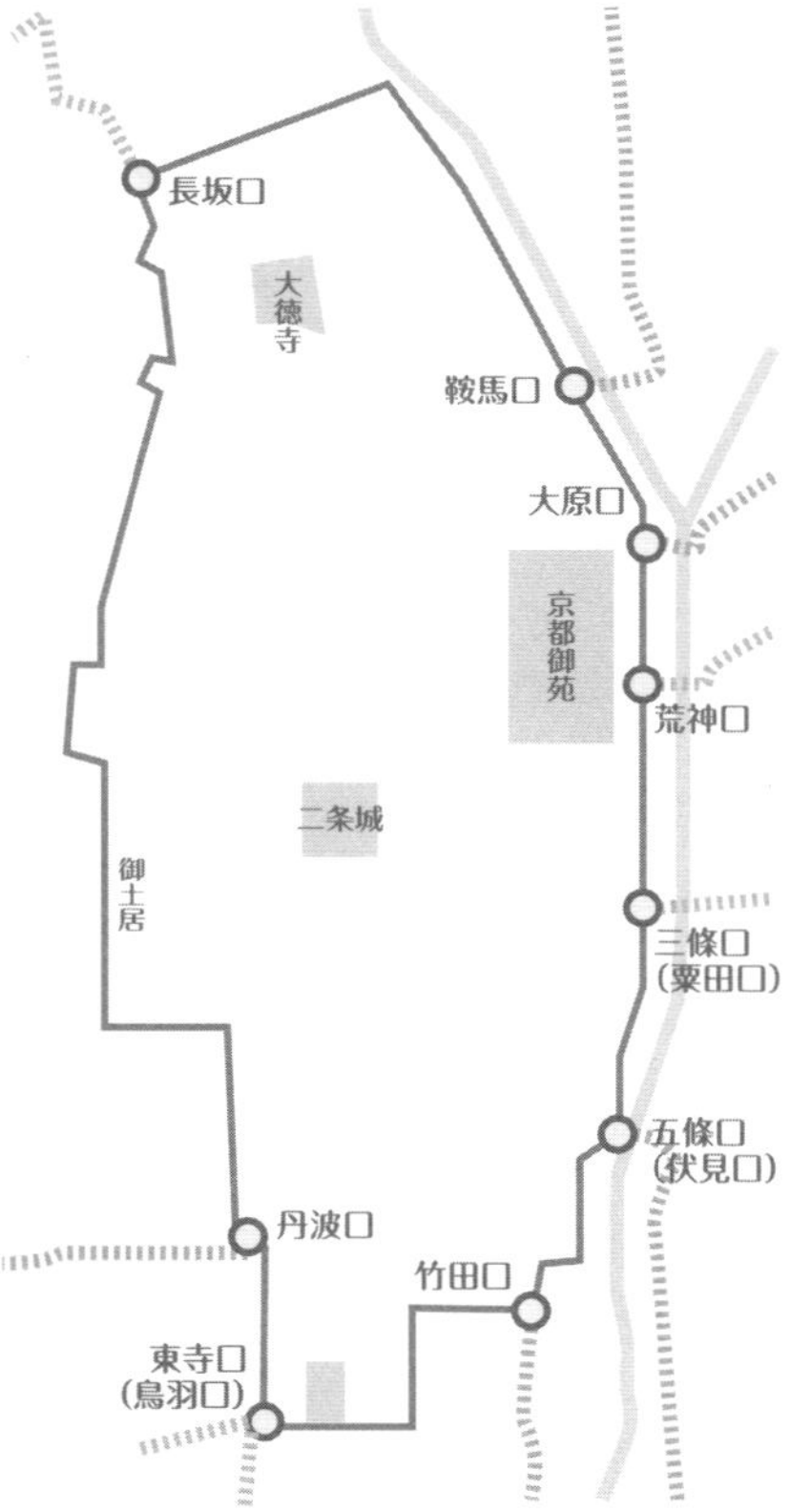

④次の地名を読んでみましょう

㋐愛宕山〈右京区〉（　　　）
㋑粟田口〈東山区〉（　　　）
㋒御供町〈中京区〉（　　　）
㋓烏丸通（　　　）
㋔膏薬辻子（　　　）
㋕西石垣通（　　　）
㋖諏訪町通（　　　）
㋗桃燈町〈伏見区〉（　　　）
㋘外畑町〈西京区〉（　　　）
㋙馬喰町〈上京区〉（　　　）
㋚武衛陣町〈上京区〉（　　　）
㋛槇尾〈右京区〉（　　　）
㋜向島〈伏見区〉（　　　）
㋝楊梅通（　　　）

⑤次の地名・寺社を漢字で書きましょう

㋐ありすがわ　↓　□□川
㋑うたの　↓　□□□
㋒おとわやま　↓　□□山
㋓きららざか　↓　□□坂
㋔ししがたに　↓　□ヶ谷
㋕すいかてんまんぐう　↓　□□天満宮
㋖たかがみね　↓　□峯
㋗なからぎのみち　↓　□□の道
㋘ほうきょうじ　↓　□□寺
㋙もろはじんじゃ　↓　□□神社
㋚ろくはらみつじ　↓　六波羅□寺

◀解答は20頁

京都の街 3日目

月　日

次の文の（　　）を埋めましょう

①京都市街各所から眺めることのできる東山を、江戸時代の俳人（　　）は「（　　）着て寝たる姿や東山」と詠みました。

②この連なる峰を総称して（　　）と呼びますが、一般的に北は（　　）から南は（　　）までとされています。

③また、頼山陽はこの東山を望む（　　）川畔に居を構え、その書斎兼茶室を「（　　）」と名付けました。

④京都御苑は、北を（　　）通、西を（　　）通、東を（　　）通、南を（　　）通に囲まれており、その中に（　　）御所、（　　）御所、（　　）御所があります。

⑤京都御苑には、北面に（　　）御門、西面に（　　）御門、（　　）御門、（　　）御門、（　　）御門、東面に（　　）御門、（　　）御門、（　　）御門、南面に（　　）御門の9つの門があります。

⑥高瀬川は（　　）・素庵が開いた運河で、これにより大坂・伏見から物資の運搬が活発になりました。かつては、国の史跡にも指定されている（　　）に隣接して角倉邸がありました。

⑦次の場所にある歌碑、句碑は誰の詠んだものでしょうか

㋐**泉涌寺**「夜をこめて鳥の空音ははかるともよに逢坂の関はゆるさじ」（　　）

㋑**貴船神社**「もの思へば沢の蛍もわが身よりあくがれ出づる魂かとぞ見る」（　　）

㋒**上賀茂神社**「風そよぐならの小川の夕暮れはみそぎぞ夏のしるしなりける」（　　）

㋓**阿弥陀寺**「春立つや新年古き米五升」（　　）

㋔**金福寺**「花守は野守に劣る今日の月」（　　）

⑧次の地名を読んでみましょう

㋐化野〈右京区〉（　　）

㋑良町〈下京区〉（　　）

㋒勘解由小路町〈上京区〉（　　）

㋓唐櫃越〈西京区〉（　　）

㋔久我〈伏見区〉（　　）

㋕幸神町〈上京区〉（　　）

㋖芹生〈右京区〉（　　）

㋗土御門町〈上京区〉（　　）

㋘永井久太郎〈伏見区〉（　　）

㋙波止土濃町〈下京区〉（　　）

㋚泓〈右京区〉（　　）

㋛丸太町通（　　）

㋜百足屋町〈中京区〉（　　）

㋝葭島〈伏見区〉（　　）

⑨次の地名・寺社を漢字で書きましょう

㋐いしべこうじ　↓　石□小路

㋑うりゅうやま　↓　□生山

㋒かたびらのつじ　↓　□□の辻

㋓くるまざきじんじゃ　↓　車□神社

㋔じしょうじ　↓　□□寺

㋕すじかいばし〈伏見区〉　↓　□□橋

㋖たこやくしどう　↓　□薬師堂

㋗なぎつじ　↓　□辻

㋘ぽんとちょう　↓　□□町

㋙やすいこんぴらぐう　↓　安井□□□宮

㋚ろざんじ　↓　□□寺

◀解答は20頁

水と川と鉄道の問題です

①（　　　　）は、琵琶湖の水を動力や物資の運搬、灌漑用水などの目的で活用するため、当時の京都府知事（　　　　）、工事責任者（　　　　）によって（　　　　）時代に造られました。

②この水を利用する（　　　　）水力発電所は日本で最初に造られた一般供給用の水力発電所です。これにより発電された電力で、日本初の（　　　　）が走りました。

③これは（　　　　）鉄道によって開業されたものですが、のちに全面市営化され、昭和（　　　　）年に全廃となりました。

④日本一距離の短い鉄道を運営している寺院は（　　　　）です。

⑤日本一の高低差を誇るケーブルカーは、ケーブル（　　　　）駅とケーブル（　　　　）駅を結んでいます。

⑥川床で知られる（　　　　）川は、鞍馬川と合流した後（　　　　）川となり、出町柳付近からは（　　　　）川と合流して鴨川となって市街地を流れます。

⑦出町柳の合流地点にかかる（　　　　）は鴨川にかかる橋としては最長で、建築家の（　　　　）が意匠設計をしました。

⑧次の地名を読んでみましょう

㋐姉小路通（　　　　）
㋑江文峠〈左京区〉（　　　　）
㋒頭町〈上京区・左京区・中京区〉（　　　　）
㋓河原町通（　　　　）
㋔御器屋町〈下京区〉（　　　　）
㋕佐女牛井町〈下京区〉（　　　　）
㋖泰長老〈伏見区〉（　　　　）
㋗葛籠屋町〈下京区〉（　　　　）
㋘中務町〈上京区〉（　　　　）
㋙馬代通（　　　　）
㋚帷子の辻〈右京区〉（　　　　）
㋛御射山町〈中京区〉（　　　　）
㋜文覚町〈下京区〉（　　　　）
㋝蓮台野〈北区〉（　　　　）

⑨次の地名・寺社を漢字で書きましょう

㋐いちいだにななのじんじゃ → □谷七野神社
㋑えびすがわどおり → □川通
㋒かどではちまんぐう → □□八幡宮
㋓こうじんぐち → □□口
㋔しだんかいどう → □□街道
㋕すどうじんじゃ → □□神社
㋖ただすのもり → □の森
㋗にゃくいちじんじゃ → □□神社
㋘まくずがはら → □□原
㋙やせ → □□

◀解答は20頁

京都の街　5日目

月　　日

次の文の（　　）を埋めましょう

街路樹

①市内で最も広範囲で見られる高木の街路樹は（　　　　）ですが、北大路通や西大路通では（　　　　）、市内中心部の御池通では（　　　　）が見られます。

京都迎賓館

②京都迎賓館は、（　　　　）の北東部に建設され、平成（　　　　）年に開館しました。

③建物は、（　　　　）造と（　　　　）造を外観とする（　　　　）建築です。

京都タワー

④京都のランドマーク、京都タワーは昭和（　　　　）年12月28日に開業しました。

⑤京都タワーは（　　　　）を使わない「モノコック構造」で造られ、高さは地上（　　　　）メートル、塔体内の階段は（　　　　）段あります。

⑥この建築は、日本武道館などの建築家として知られる（　　　　）によるもので、京都の町並みを照らす（　　　　）をイメージしています。

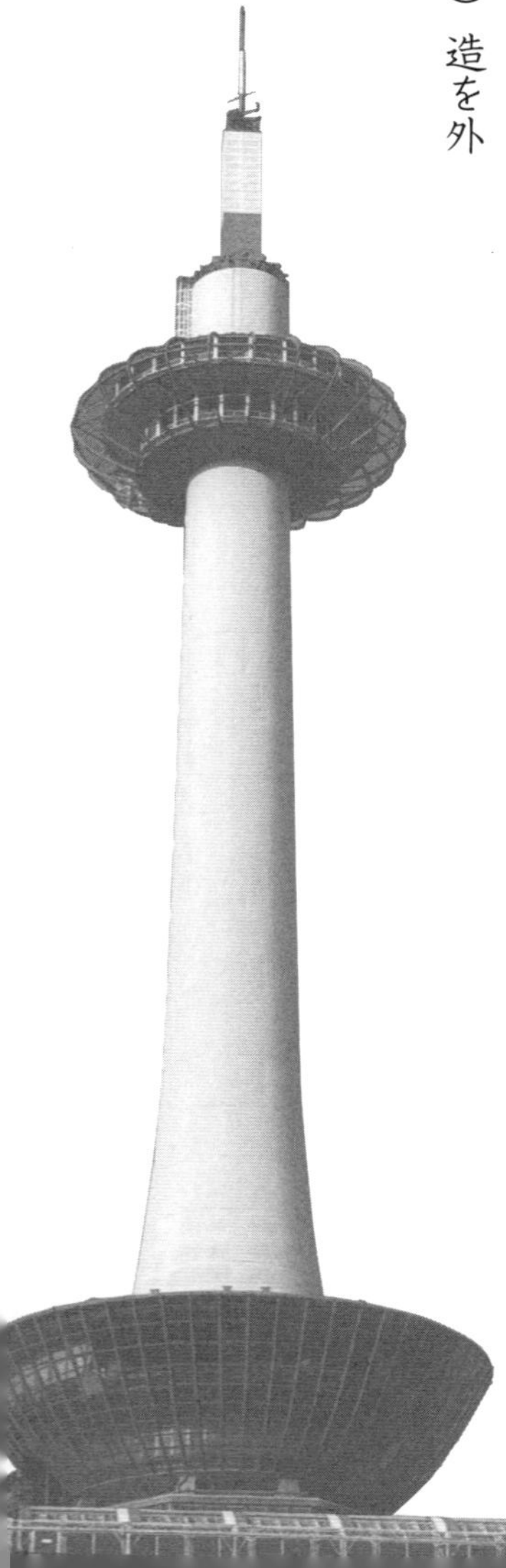

⑦次の地名を読んでみましょう

㋐油小路通（　　）

㋑閻魔前町〈上京区〉（　　）

㋒膳部町〈左京区〉（　　）

㋓北沮沢町〈左京区〉（　　）

㋔御供石町〈下京区〉（　　）

㋕室谷〈右京区〉（　　）

㋖笋町〈中京区〉（　　）

㋗天王後〈伏見区〉（　　）

㋘生津町〈伏見区〉（　　）

㋙幡枝町〈左京区〉（　　）

㋚札辻〈南区〉（　　）

㋛水垂町〈伏見区〉（　　）

㋜紋屋辻子（　　）

㋝轆轤町〈東山区〉（　　）

⑧次の地名・寺社などを漢字で書きましょう

㋐いまひえじんぐう → □日吉神宮

㋑えんまち → □町

㋒かどのおおじどおり → □野大路通

㋓こうりゅうじ〈右京区〉 → □□寺

㋔しょうごいん → □□□

㋕せきざんぜんいん → □□禅院

㋖でみずどおり → □□通

㋗にょいがたけ → □□ヶ嶽

㋘みかげばし → □□橋

㋙ゆきじんじゃ → □□神社

◀解答は21頁

①古都京都の文化財として世界遺産に登録されたものが17件あります。京都市内にあるものを任意に10件挙げましょう

（　　　）（　　　）（　　　）
（　　　）（　　　）（　　　）
（　　　）（　　　）（　　　）
（　　　）

②京都盆地の北にあり、氷河期以来の動植物が見られる国の天然記念物に指定された場所は次の４つのうちどこでしょうか

㋐糺の森　㋑深泥池　㋒広沢池　㋓なからぎの森

③左京区にある、疏水の管理用道路として造られた道で、日本の道１００選に選ばれた道は次の４つのうちどこでしょうか

㋐哲学の道　㋑きぬかけの道　㋒せせらぎの道　㋓千代の古道

④鴨川に架かる橋で、唯一明治期の意匠を残す、５連のアーチ橋は次の４つのうちどれでしょう

㋐荒神橋　㋑三条大橋　㋒松原橋　㋓七条大橋

⑤次の建築と建築家のうち、関係のあるものを線で結びましょう

㋐京都文化博物館 別館	・	・a	片山東熊
㋑大丸ヴィラ	・	・b	J.M.ガーディナー
㋒京都府立図書館	・	・c	武田五一
㋓長楽館	・	・d	W.M.ヴォーリーズ
㋔京都国立博物館 明治古都館	・	・e	辰野金吾

⑥次の人物の像はどこにあるでしょうか線で結びましょう

㋐和気清麻呂・　　・a　等持院
㋑長谷川等伯・　　・b　六道珍皇寺
㋒小野篁　・　　・c　本法寺
㋓牧野省三　・　　・d　京都大学
㋔湯川秀樹　・　　・e　護王神社

⑦次の地名を読んでみましょう

㋐石計町〈北区〉（　　　）
㋑御出町〈山科区〉（　　　）
㋒樫原〈西京区〉（　　　）
㋓櫛笥通（　　　）
㋔御幸町通（　　　）
㋕撞木町〈伏見区〉（　　　）
㋖蛸田町〈西京区〉（　　　）
㋗都市町〈下京区〉（　　　）
㋘若王子町〈左京区〉（　　　）
㋙羽束師〈伏見区〉（　　　）
㋚分木町〈東山区・下京区〉（　　　）

⑧次の地名・寺社などを漢字で書きましょう

㋐いわくらじんじゃ → □□神社
㋑おおいがわ → 大□川
㋒かんげつきょう → □□橋
㋓さめがいどおり → □ケ井通
㋔しょうせいえん → □□園
㋕せんにゅうじ → □□寺
㋖とがのお → □尾
㋗ひげちゃや → □茶屋
㋘みそのばし → □□橋
㋙るりこういん → □□□院

◀解答は21頁

京都の街　7日目

月　　日

①次の場所にある歌碑、句碑は誰の詠んだものでしょうか

㋐御池大橋西
「春の川を隔てて男女哉」（　　　）

㋑哲学の道
「人は人吾はわれ也とにかくに吾行く道を吾は行なり」（　　　）

㋒隨心院
「花のいろは移りにけりないたづらに
わが身世にふるながめせしまに」（　　　）

㋓五条大橋西
「あすも来て見んと思へば家づとに
手折るもをしき山さくら花」（　　　）

㋔八坂神社
「清水へ祇園をよぎる桜月夜こよひ
逢ふ人みなうつくしき」（　　　）

②次の人物の墓所といわれるところはどこでしょうか線で結びましょう

㋐在原業平　・　　・a　龍安寺大珠院
㋑吉田兼好　・　　・b　悟真寺
㋒真田幸村　・　　・c　十輪寺
㋓谷崎潤一郎・　　・d　妙光寺
㋔円山応挙　・　　・e　源光寺
㋕野々村仁清・　　・f　法然院
㋖常盤御前　・　　・g　長泉寺

③次の人物の像はどこにあるでしょうか線で結びましょう

㋐近藤勇　・　　・a　八大神社
㋑宮本武蔵　・　　・b　千本ゑんま堂
㋒紫式部　・　　・c　知恩院
㋓宮崎友禅斎・　　・d　壬生寺
㋔弥次喜多　・　　・e　三条大橋西詰

④ 次の地名を読んでみましょう

㋐ 出灰町〈西京区〉（　　　　）
㋑ 大宅〈山科区〉（　　　　）
㋒ 釜座通（　　　　）
㋓ 花開院町〈上京区〉（　　　　）
㋔ 衣棚通（　　　　）
㋕ 卓屋町〈下京区〉（　　　　）
㋖ 蓼倉町〈左京区〉（　　　　）
㋗ 百々町〈上京区〉（　　　　）
㋘ 塗師屋町〈中京区・東山区・下京区〉（　　　　）
㋙ 榿ノ木町〈北区〉（　　　　）
㋚ 木瓜原町〈上京区〉（　　　　）
㋛ 三盛町〈東山区〉（　　　　）
㋜ 山端〈左京区〉（　　　　）

⑤ 次の地名・寺社などを漢字で書きましょう

㋐ いんじょうじ → 引□寺〈千本ゑんま堂〉
㋑ おぐらいけ → □□池
㋒ かんしゅうじ → □□寺
㋓ さわらぎちょうどおり → □木町通
㋔ しらみねじんぐう → □□神宮
㋕ だいご → □□
㋖ とげつきょう → □□橋
㋗ びわこそすい → □□□□□
㋘ みどろがいけ → □□池
㋙ ろくおんじ → □□寺

◀解答は21頁

ひとやすみ

月　日

①AからJの通りの名前は何でしょうか　選択肢から選びましょう

選択肢↓　醒ヶ井通　高辻通　正面通　二条通　若宮通
椹木町通　五辻通　日暮通　車屋町通　楊梅通

Ⓐ（　　　　）
Ⓑ（　　　　）
Ⓒ（　　　　）
Ⓓ（　　　　）
Ⓔ（　　　　）
Ⓕ（　　　　）
Ⓖ（　　　　）
Ⓗ（　　　　）
Ⓘ（　　　　）
Ⓙ（　　　　）

②次の通りは地図上のどれでしょうか　地図上に示しましょう

㋐寺町通
㋑諏訪町通
㋒猪熊通
㋓御前通
㋔上御霊前通
㋕一条通
㋖出水通
㋗上数珠屋町通

（解答は奥付の次の頁をご覧ください）

北大路
地下鉄烏丸線
Ⓐ
北野天満宮
今出川通
京都御苑
京阪鴨東線
千本通
Ⓓ
堀川通
烏丸通
Ⓔ
丸太町通
Ⓙ
平安神宮
Ⓑ
二条城
御池通
地下鉄東西線
川端通
東山通
大宮
四条通
阪急京都線
Ⓕ
Ⓖ
Ⓗ
五条通
Ⓘ
Ⓒ
七条通
京都駅

◀解答は21頁

京都の街

1週目の解答

1日目の解答［4～5ページ］

① ㋐右 ㋑左 ㋒北 ㋓伏見 ㋔西京 ㋕山科 ㋖南 ㋗東山
㋘中 ㋙上 ㋚下

② 南丹市、亀岡市、向日市、長岡京市、大山崎町、八幡市、久御山町、宇治市

③ 左京区、中京区、東山区、右京区 ④ 西京区

⑤ ㋐あけずどおり ㋑あわたぐち ㋒おむろ ㋓かみはてちょう
㋔こうどのちょう ㋕さいかちちょう ㋖けあげ
㋗だんのうしろ ㋘どどんぼうちょう ㋙のうそちょう
㋚ひぐらしどおり ㋛しまおやちょう ㋜みょうずいちょう
㋝ゆぎょうまえちょう

⑥ ㋐間之町 ㋑太秦 ㋒愛宕 ㋓木津屋 ㋔産寧 ㋕神泉苑
㋖太子 ㋗辺 ㋘船岡 ㋙壬生 ㋚珍皇

2日目の解答［6～7ページ］

① ㋐c ㋑d ㋒e ㋓a ㋔b

② ㋐鞍馬 ㋑竹田 ㋒若狭 ㋓山陰 ㋔伏見

③ ㋐c ㋑d ㋒f ㋓b ㋔a ㋕e

④ ㋐あたごやま ㋑いまぐまの ㋒おんともちょう ㋓からすまどおり ㋔こうやくのずし ㋕さいせきどおり ㋖すわんちょうどおり ㋗ちょうちんちょう ㋘とのはたちょう ㋙ばくろちょう ㋚ぶえいじんちょう ㋛まきのお ㋜むかいじま
㋝ようばいどおり

⑤ ㋐有、栖 ㋑宇、多、野 ㋒音、羽 ㋓雲、母 ㋔鹿
㋕水、火 ㋖鷹 ㋗半、木 ㋘宝、鏡 ㋙諸、羽 ㋚蜜

3日目の解答［8～9ページ］

① 服部嵐雪、ふとん

② 東山三十六峰、比叡山、稲荷山 ③ 鴨、山紫水明処

④ 今出川、烏丸、寺町、丸太町、京都、京都大宮、京都仙洞

⑤ 今出川、乾、中立売、蛤、下立売、石薬師、清和院、寺町、堺町

⑥ 角倉了以、一之舟入

⑦ ㋐清少納言 ㋑和泉式部 ㋒藤原家隆 ㋓松尾芭蕉
㋔与謝蕪村

⑧ ㋐あだしの ㋑うしとらちょう ㋒かげゆこうじちょう ㋓からとごえ ㋔こが ㋕さいのかみちょう ㋖せりょう ㋗つちみかどちょう ㋘ながいきゅうたろう ㋙はしどのちょう
㋚ふけ ㋛まるたまちどおり ㋜むかでやちょう ㋝よしじま

⑨ ㋐塀 ㋑瓜 ㋒帷、子 ㋓折 ㋔慈、照 ㋕直、違 ㋖蛸
㋗椥 ㋘先、斗 ㋙金、比、羅 ㋚廬、山

4日目の解答［10～11ページ］

① 琵琶湖疏水、北垣国道、田邉朔郎、明治 ② 蹴上、電車

③ 京都電気、53 ④鞍馬寺 ⑤八瀬、比叡 ⑥貴船、賀茂、高野 ⑦賀茂大橋、武田五一

⑧ ㋐あねやこうじどおり ㋑えぶみとうげ ㋒かしらちょう

㋓かわらまちどおり　㋔ごきやちょう　㋕さめがいちょう　㋖たいちょうろう　㋗つづらやちょう　㋘なかつかさちょう　㋙ばだいどおり　㋚かたびらのつじ　㋛みさやまちょう　㋜もんがくちょう　㋝れんだいの

⑨　㋐櫟　㋑夷　㋒首、途　㋓荒、神　㋔師、団　㋕崇、道　㋖糺　㋗若、一　㋘真、葛　㋙八、瀬

5日目の解答［12〜13ページ］

①　イチョウ、トウカエデ、ケヤキ　②京都御苑、17　③入母屋、数寄屋、現代和風　④39　⑤鉄骨、131、355　⑥山田守、灯台

⑦　㋐あぶらのこうじどおり　㋑えんままえちょう　㋒かしわべちょう　㋓きたふけちょう　㋔ごくいしちょう　㋕しったん　㋖たかんなちょう　㋗てんのうごう　㋘なまづちょう　㋙はたえだちょう　㋚ふだのつじ　㋛みずたれちょう　㋜もんやのずし　㋝ろくろちょう

⑧　㋐新　㋑円　㋒葛　㋓広、隆　㋔聖、護、院　㋕赤、山　㋖出、水　㋗如、意　㋘御、蔭　㋙由、岐

6日目の解答［14〜15ページ］

①　上賀茂神社または賀茂別雷神社、下鴨神社または賀茂御祖神社、東寺または教王護国寺、清水寺、醍醐寺、仁和寺、高山寺、西芳寺、天龍寺、金閣寺または鹿苑寺、銀閣寺または慈照寺、龍安寺、西本願寺、二条城のうちどれか10件　②㋑　③㋐　④㋓

⑤　㋐e　㋑d　㋒c　㋓b　㋔a

⑥　㋐e　㋑c　㋒b　㋓a　㋔d

⑦　㋐いしかずちょう　㋑おいでちょう　㋒かたぎはら　㋓くしげどおり　㋔ごこまちどおり　㋕しゅもくまち　㋖たこでんちょう　㋗といちちょう　㋘にゃくおうじちょう　㋙はづかし　㋚ぶんきちょう

⑧　㋐石、座　㋑堰　㋒観、月　㋓醒　㋔渉、成　㋕泉、涌　㋖栂　㋗髭　㋘御、薗　㋙瑠、璃、光

7日目の解答［16〜17ページ］

①　㋐夏目漱石　㋑西田幾多郎　㋒小野小町　㋓大田垣蓮月　㋔与謝野晶子　②㋐c　㋑g　㋒a　㋓f　㋔b　㋕d　㋖e　③㋐d　㋑a　㋒b　㋓c　㋔e

④　㋐いずりはちょう　㋑おおやけ　㋒かまんざどおり　㋓けいかいんちょう　㋔ころものたなどおり　㋕しょくやちょう　㋖たでくらちょう　㋗どどちょう　㋘ぬしやちょう　㋙はりのきちょう　㋚ぼけはらちょう　㋛みつもりちょう　㋜やまばな

⑤　㋐接　㋑巨、椋　㋒勧、修　㋓椹　㋔白、峯　㋕醍、醐　㋖渡、月　㋗琵、琶、湖、疏、水　㋘深、泥　㋙鹿、苑

ひとやすみの解答［18〜19ページ］

①　Ⓐ五辻通　Ⓑ二条通　Ⓒ正面通　Ⓓ日暮通　Ⓔ椹木町通　Ⓕ醒ヶ井通　Ⓖ高辻通　Ⓗ若宮通　Ⓘ楊梅通　Ⓙ車屋町通

②　（解答は奥付の次の頁をご覧ください）

京都の祭

8日目

月　日

①葵祭について次の文の（　）を埋めましょう

㋐葵祭は、（　　　）および（　　　）の例祭で、毎年（　）月（　）日に本祭が行われています。

㋑『（　　　）風土記』によると、（　）世紀の欽明天皇の頃に凶作が続き、占ってみると（　　　）の祟りであることがわかったため、その神を讃える祭祀を盛大に行ったことが始まりといわれています。

㋒『源氏物語』では（　　　）と（　　　）の車争いの場面でこの祭が描かれています。

㋓現在の女人列の斎王代とは斎王の代理の意ですが、斎王とは天皇即位の際、（　　　）や下鴨神社、上賀茂神社に奉仕する（　　　）のことです。賀茂祭においては、（　　　）天皇が（　　　）内親王を斎王としたのが始まりと伝えられています。女人列では（　　　）と呼ばれる輿に乗っています。

②葵祭の次の神事が行われる神社はどこでしょうか

㋐賀茂競馬足汰式（　　　）

㋑流鏑馬神事（　　　）

㋒歩射神事（　　　）

㋓賀茂競馬（　　　）

㋔斎王代 女人列 御禊神事（　　　）

㋕御阿礼神事（　　　）

㋖御蔭祭（　　　）

③京都市内で行われる祭りや行事について、次の（　）を埋めましょう

㋐1月4日、下鴨神社において（　　　）はじめが行われます。（　　　）の皮で作った（　　　）を、6名から8名が一座となって蹴り続けます。

㋑2月8日、（　　　）が法輪寺で行われます。裁縫や手芸の上達を祈願するもので、この行事は（　）

月8日にも行われます。

㋒2月11日は城南宮（　　　）の日です。これは宮中において正月7日に食されていたもので、この風習は『源氏物語』にも描かれています。

㋓2月25日、北野天満宮において（　　　）の花をこよなく愛した（　　　）公を偲んで（　　　）が行われます。本殿に「梅花御供」を供える神事をはじめ、豊臣秀吉の催した（　　　）にちなんで境内の（　　　）には野点の席が設けられます。

㋔人形の寺として知られる（　　　）の春と秋の人形展では、歴代（　　　）ゆかりの人形をはじめ、新旧の名品の人形が飾られます。

㋕3月21日、誠心院において（　　　）忌が行われ、謡曲「東北」「誓願寺」が奉納されます。

④次の語を漢字で書きましょう

㋐ごずてんのう → □□□□

㋑うらぼんえ → □□□□

㋒やぶさめ → □□□

㋓ちご → □□

㋔さいおうだい → □□□

㋕きっぷいり → □□□

㋖こまがたちょうちん → □□□□

㋗そみんしょうらい → □□□□

㋘ついなしき → □□□

㋙ほうれん → □□

◀解答は38頁

9日目

月　　日

①葵祭の行列を構成するもののうち、次は何と読むでしょうか

㋐乗尻（　　　　）

㋑検非違使（　　　　）

㋒御幣櫃（　　　　）

㋓馬寮（　　　　）使

㋔牛車（　　　　）

㋕和琴（　　　　）

㋖牽馬（　　　　）

㋗風流傘（　　　　）

㋘陪従（　　　　）

㋙内蔵（　　　　）使

㋚命婦（　　　　）

㋛駒女（　　　　）

㋜女嬬（　　　　）

②次の語を漢字で書きましょう

㋐うえさくさい　→　□□□□□

㋑ほうじょうえ　→　□□□

㋒じょうどうえ　→　□□□

㋓おおはらえ　→　□□

㋔しんこうさい　→　□□□

㋕とぎょ　→　□□

㋖へいあんこうしゃ　→　□□□□

㋗いみたけ　→　□□

㋘およよ　→　□□

㋙まんとうえ　→　□□□

③葵祭の行列のコースを地図上に示しましょう

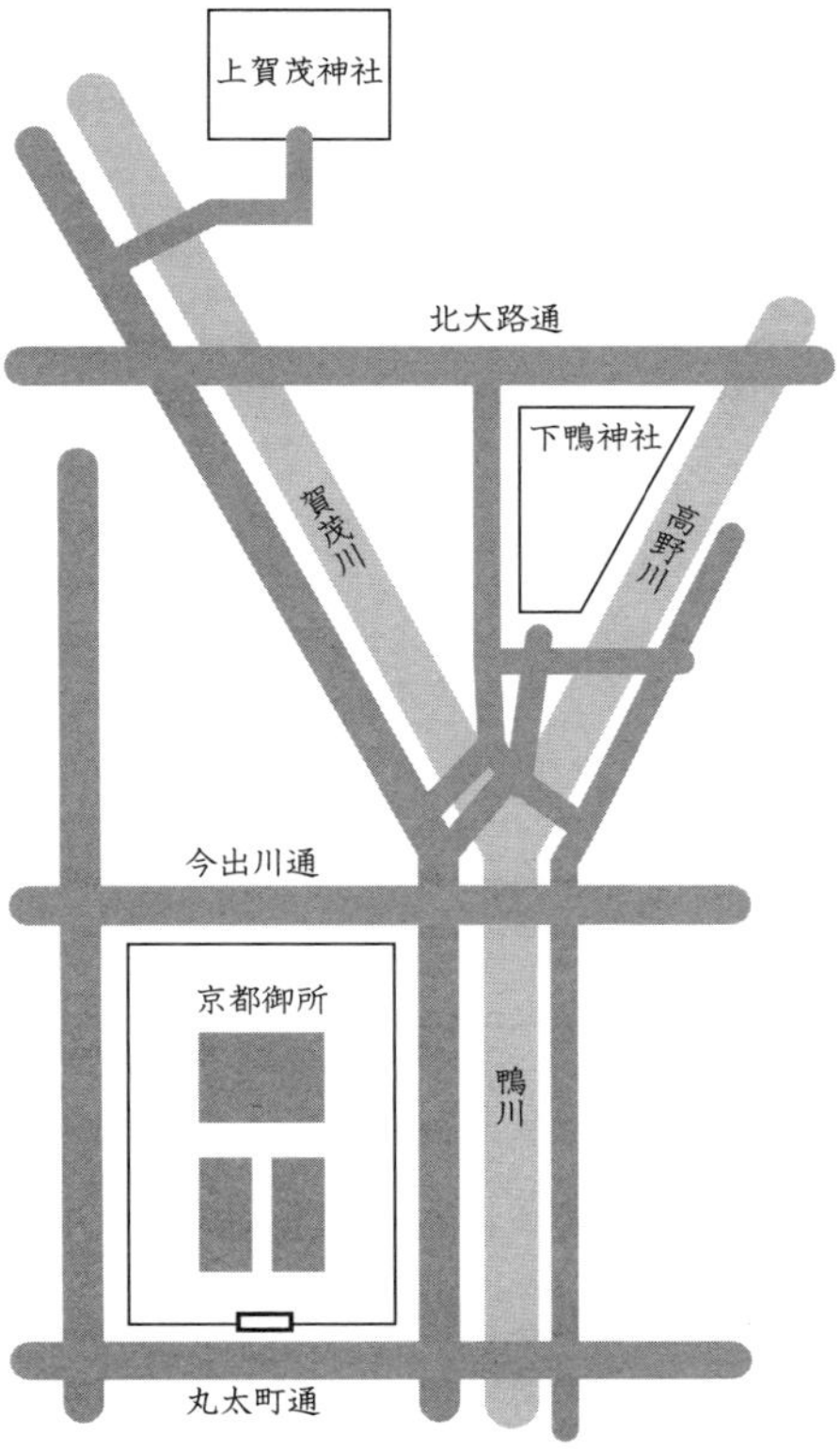

④京都市内で行われる祭りや行事について、次の（　）を埋めましょう

㋐3月最終日曜日に行われる随心院の（　　　　）は小野小町と（　　　　）の恋物語を題材にしたものです。（　　　　）とはこの庭に咲く梅の色の古名です。

㋑4月第2日曜日、醍醐寺において（　　　　）が行われます。これは慶長3年に（　　　　）が盛大な花見の宴を開いたことにならい、これを再現したものです。

㋒4月20日に行われる建仁寺の（　　　　）は、茶祖として尊崇される（　　　　）禅師の降誕会で、4人の正客とそれぞれの相伴客が茶をいただきます。

㋓4月第2日曜日、常照寺では（　　　　）花供養が行われます。島原の太夫が（　　　　）の歩き方で歩く道中を再現したもので、（　　　　）とともに太夫の墓に詣でます。太夫は京都の豪商（　　　　）の妻で、当寺の朱塗りの（　　　　）は太夫が寄進したものです。

㋔4月29日、城南宮で（　　　　）が催されます。奈良時代から平安時代に催された歌会を再現した行事で、平安王朝の装束に身を包んだ歌人が、遣り水に浮かべた（　　　　）が自分の前を通り過ぎるまでに歌を詠んで（　　　　）に認め、盃の御神酒をいただきます。

㋕京都市内で見られる曲水の宴には、他に4月第2日曜日に上賀茂神社で前年の斎王代が歌題を披露する（　　　　）や、近年再興されて春と秋に北野天満宮で催されるものもあります。

◀解答は38頁

①祇園祭について、次の文の（　）を埋めましょう

㋐祇園祭は日本三大祭のひとつで、明治時代以前は（　　　）と呼んでいました。

㋑（　　　）の祭礼で、現在は（　）月（　）日から（　）日まで行われています。

㋒祇園祭には鉾に仕える（　　　）稚児と神事の大役を果たす（　　　）稚児がいます。現在、鉾に仕える「生《いき》稚児」がいるのは（　　　）鉾と（　　　）鉾のみになっています。

㋓八坂神社や各山鉾の会所で授与される（　　　）は（　　　）の葉で作られ、厄除けとして授与されます。この粽には「（　　　）」と書かれた護符がつけられます。

㋔祇園祭に運行する山鉾は、鉾（　）基、曳山（　）基、舁山（　）基があり、前祭では（　）基、後祭では（　）基の山鉾が巡行します。

㋕曳山には（　　　）山、（　　　）山、（　　　）山、そして令和4年に復帰した（　　　）山があります。

㋖（　　　）鉾、（　　　）鉾、（　　　）鉾、（　　　）鉾の4基を除き、鉾の（　　　）の先端には（　　　）と呼ばれる金属製の飾りがついています。

㋗（　　　）山、（　　　）山、（　　　）山、（　　　）山を除き、山には鉾の真木にあたる（　　　）を立てています。（　　　）山には杉を立てています。

②祇園祭に関する事柄のうち、以下の名称を何というでしょうか

㋐祇園祭の神事始めの行事（　　　）

㋑巡行の際に切る注連縄を張るための竹を、四条麩屋町の2か所に建てる行事（　　　）

㋒宵山などの際、山や鉾などの前に連なって飾られる提灯（　　　）

㋓山鉾巡行の際、鉾の向きを変えるために車輪の下に割り竹を敷いてすべらせること（　　　）

㋔祇園祭最終の神事（　　　）

③以下は前祭に巡行する山鉾です。名称を完成させくじ取らずのものを選んでください

㋐長（　　）鉾　㋑芦（　　）山　㋒（　　）谷鉾

㋓綾（　　）鉾　㋔放（　　）鉾　㋕岩（　　）山

㋖郭（　　）山　㋗（　　）牙山　㋘（　　）鉾

④それぞれの語に関連する山鉾を線で結びましょう

㋐安産・	・a　綾傘鉾
㋑小鍛冶宗近・	・b　伯牙山
㋒天照大神・	・c　占出山
㋓琴・	・d　長刀鉾
㋔棒振り囃子・	・e　浄妙山
㋕紫宸殿の紅梅・	・f　黒主山
㋖宇治川の合戦・	・g　岩戸山
㋗謡曲「志賀」・	・h　保昌山
㋘山鉾で唯一のからくり・	・i　蟷螂山
㋙あばれ観音・	・j　南観音山
㋚菊慈童・	・k　菊水鉾

⑤京都市内で行われる祭りや行事について、次の（　）を埋めましょう

㋐「日本最古の茶園」の石碑がある（　　　）では、毎年5月中旬に茶摘みが行われます。中世以来、この（　　　）の茶を本茶、それ以外は非茶と呼ばれました。

㋑5月28日、（　　　）において業平忌が営まれます。ここには、業平が塩を焼いてその煙の風情を楽しんだという（　　　）の跡が残されています。

㋒6月4日、ぬりこべ地蔵において（　　　）が行われます。

㋓6月20日に鞍馬寺で行われる（　　　）は、平安時代の故事をもとに、法師が（　　　）と（　　　）の両座にわかれて（　　　）に見立てた竹を刀で伐り、その速さを競います。

㋔7月土用の丑の日を中心に、蓮華寺、神光院で（　　　）が行われます。これは（　　　）大師が諸病をこれに封じ込め、往生できるようにと残した密教秘法です。

◀解答は38頁

京都の祭

11日目

月　日

①次の語を読んでみましょう

㋐前　祭（　　　　　）
㋑後　祭（　　　　　）
㋒舁　山（　　　　　）
㋓鉾　頭（　　　　　）
㋔蟷螂山（　　　　　）
㋕木賊山（　　　　　）
㋖役行者山（　　　　）
㋗八幡山（　　　　　）

②以下は後祭に巡行する山鉾です。名称を完成させて、くじ取らずのものを選んでください

㋐橋（　　）山
㋑浄（　　）山
㋒大（　　）鉾
㋓（　　）鹿山
㋔（　　）主山

③以下の鉾についている鉾頭を選択肢から選んでください

㋐函谷鉾（　　　　　）
㋑菊水鉾（　　　　　）
㋒月　鉾（　　　　　）
㋓放下鉾（　　　　　）
㋔鶏　鉾（　　　　　）

選択肢↓　三角形の中に円　新月型〈三日月〉　菊花
日月星が下界を照らす形　月と山型

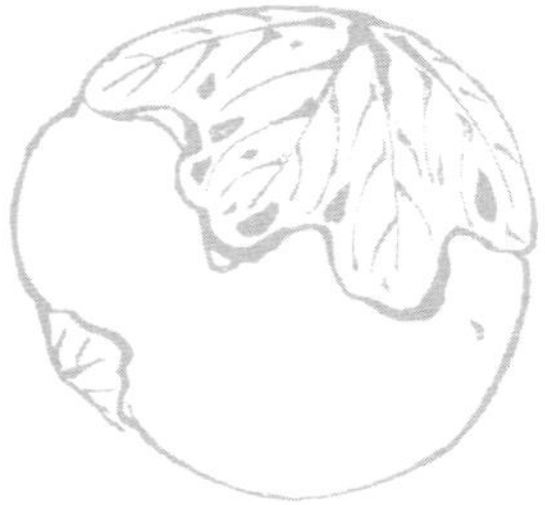

④京都市内で行われる祭りや行事について、次の（　　）を埋めましょう

㋐7月25日、安楽寺では（　　）供養が行われます。江戸時代に（　　）上人がこれを夏の土用に供養すれば病から逃れられるというお告げを受けたことにより、仏前に供えて供養します。これは（　　）除けになるといわれます。

㋑8月24日に行われる（　　）の花笠踊は、中世に流行した風流踊の伝統を残す（　　）神社への奉納踊です。花笠といわれる造花で作った（　　）を手に持って、太鼓にあわせて歌い踊ります。

㋒8月下旬、京都市北部から丹波山地の山里では（　　）という火の祭礼が行われます。これは火伏せの神の（　　）信仰に結びついたもので、（　　）と呼ばれる丸太の先端につけた笠に向かって、（　　）を投げ上げて点火させます。

㋓（　）月（　）日の重陽の日には、上賀茂神社において重陽の神事に続き、子供たちによる（　　）相撲が行われます。

㋔9月10日、石峰寺において（　　）忌が行われます。錦小路の青物問屋の家に生まれた絵師で、晩年はこの地に隠棲し、寺の裏山にある（　　）像のデザインをしたことで知られています。

㋕9月15日、鞍馬寺において（　　）祭が行われます。奥の院のお堂には幼名から取った（　　）尊が祀られています。

㋖中秋の日には、複数の寺社で名月祭が催されます。大覚寺では（　　）池に（　　）頭舟と（　　）首舟の観月舟が浮かびます。この地は奈良の（　　）、大津の（　　）と並び、日本三大名月観賞地のひとつとされています。

㋗中秋の日、赤山禅院では（　　）加持祈祷が行われます。これは（　　）封じとして信仰されています。

◀解答は38頁

京都の祭　12日目

月　日

①時代祭について、次の文の（　）を埋めましょう

㋐時代祭は、平安京建都の日の（　）月（　）日に行われます。

㋑時代祭は、明治28年の第4回内国勧業博覧会の紀念殿として建てられた（　）に（　）天皇を奉祝する神宮として（　）が創建されたことにより始まりました。

㋒平安奠都（　）年紀年祭の奉祝行事として行われた、（　）から（　）の造られた時代までの時代風俗行列が、現在の時代祭につながっています。

㋓時代祭は、以前は（　）を出発地点としていましたが、現在は京都御所の（　）門前から出発します。

㋔時代行列は京都全市域から成る市民組織の（　）によって運営されています。

㋕時代行列は8つの時代を（　）の列で構成し、（　）列を先頭に時代を遡って続きます。

㋖祭の中心である神幸列は（　）天皇、次いで（　）天皇の鳳輦が巡行します。

㋗延暦武官行進列は、（　）大将軍の（　）が東進を終えて都へ凱旋する姿を再現しています。

②時代行列には以下のものがあります 行列の先頭から順に並べましょう

選択肢↓　幕府執政　志士　洛中風俗　江戸時代　中世
藤原公卿　勤王隊　徳川城使　神幸　豊公　城南流鏑馬
織田公　延暦武官　平安時代　延暦文官　白川女献花
前　楠公　神饌講社　弓箭組

維新（a　）列→維新（b　）列→
（c　）上洛列→（d　）婦人列
→（e　）参朝列→（f　）上洛
列→室町（g　）列→室町（h　）
列→（i　）上洛列→（j　）婦
人列→（k　）列→（l　）参朝列
→（m　）婦人列→（n　）行

進列→（o　　　）参朝列→（p　　　）列→（q　　　）列→（r　　　）列→（s　　　）列→（t　　　）列

③時代祭の行列に登場する人物の名前を完成させましょう

㋐出雲（　　　）江戸時代婦人列

㋑羽（　　　）織田公上洛列

㋒和（　　　）江戸時代婦人列

㋓吉（　　　）太夫　江戸時代婦人列

㋔丹羽（　　　）織田公上洛列

㋕（　　　）御前　中世婦人列

④時代祭にはさまざまな人物が登場しますが、それぞれの人物はどの行列に属するでしょうか（　　）を埋めましょう

㋐和気広虫（　　　）列　㋑柴田勝家（　　　）列

㋒小野小町（　　　）列　㋓大原女（　　　）列

㋔巴御前（　　　）列　㋕淀君（　　　）列

⑥京都市内で行われる祭りや行事について、次の（　）を埋めましょう

㋐9月第3、第4日曜日の前後、梨木神社において（　　　）が行われます。この神社は（　　　）ともいわれ、この花の名所です。

㋑9月第4月曜日、安井金比羅宮において（　　　）が行われます。境内の（　　　）塚に使い古したものを納めて感謝し、供養します。古代から現代までの髪型と風俗衣装姿の女性たちによる時代風俗行列が、神社から（　　　）石段下を過ぎて白川南通、（　　　）小路などをめぐって戻ります。

㋒10月のスポーツの日の前日、秋元神社では八瀬（　　　）が、（　　　）童子会によって行われます。

㋓10月第2日曜日、法住寺において（　　　）が行われます。（　　　）とは（　　　）時代後期に流行した歌謡で、（　　　）法皇もこれを愛好しました。

◀解答は39頁

京都の祭

13日目

月　　日

①京都の三奇祭について、次の（　）を埋めましょう

㋐（　　　）は、現在は毎年4月の第（　）日曜日、上賀茂地区のみ5月15日に行われています。

㋑この祭は、現在は今宮神社、（　　　）神社、（　　　）大神宮、上賀茂岡本町の保存会で伝承されています。

㋒（　　　）時代後期に流行した疫病を鎮めるために営まれた（　　　）を起源とし、今宮神社の摂社（　　　）の祭礼として始まったものです。

㋓古くは（　　　）の散る頃に疫病神が疫病を流行らせるといわれたことから、疫神を（　　　）に集め、封じ込めようとする「（　　　）のまつり」で、「（　　　）」ともいわれます。

㋔春の花で美しく飾られた大きな（　　　）、（　　　）と呼ばれる赤毛や黒毛の鬼が鉦や太鼓を鳴らして練り歩きます。

㋕（　　　）は、（　　　）の例祭で、現在は毎年10月（　）日の夜に行われています。

㋖この祭は、御所に祀られていた（　　　）が鞍馬に勧請された際、土地を守護していた（　　　）を神輿に乗せ、松明を持って迎えたという故事に由来するといわれています。

㋗集落の篝火や松明が点火されると、若者や子供が松明を持ってかけ声とともに集落内を練り歩き、（　　　）山門前に集まります。

㋘石段下の注連縄が切られると2基の（　　　）が参道を下りてきますが、このときふんどし姿の男性が担い棒にぶら下がる（　　　）の儀が行われます。

㋙広隆寺で行われていた（　　　）は、もとは秦氏を祀る（　　　）神社の祭礼でした。

㋚面をつけた摩多羅神が（　　　）に乗って、鉾を持った赤鬼・青鬼の（　　　）を従えて練り歩き、（　　　）前に造られた祭壇の上で祭文を読み上げました。

②次の祭りや行事はどこで行われますか　選択肢から選びましょう

選択肢↓　貴船神社　雨宝院　伏見稲荷大社　六道珍皇寺　梅宮大社　鞍馬寺　上賀茂神社　三十三間堂　西院春日神社　赤山禅院　神護寺　醍醐寺　六孫王神社　下鴨神社　新熊野神社　車折神社　北野天満宮

㋐ゑんま詣（　　　）　㋑楊枝のお加持（　　　）

㋒こんにゃく封じ（　　　）　㋓初午大祭（　　　）

㋔甘酒祭（　　　）　㋕五大力尊仁王会（　　　）

㋖幸在祭（　　　）　㋗雨乞祭（　　　）

㋘藤花祭（　　　）　㋙虫払定（　　　）

㋚泰山府君祭（　　　）　㋛五月満月祭（　　　）

㋜三船祭（　　　）　㋝御手洗祭（　　　）

㋞瑞饋祭（　　　）　㋟宝永祭（　　　）

㋠つなかけ神事（　　　）

③京都市内で行われる祭りや行事について、次の（　）を埋めましょう

㋐10月のスポーツの日、（　　　）において去来祭が行われます。（　　　）去来は江戸時代前期の（　　　）で（　　　）の門人として知られています。

㋑10月第3日曜日、大将軍八神社において（　　　）が行われます。前日の宵宮に神社前から（　　　）川まで伸ばした（　　　）餅が奉納されます。

㋒10月26日、東山区の三嶋神社の祈願所において（　　　）祭が行われ、放生会が行われます。（　　　）は神の使いとされ、（　　　）祈願や子授け祈願の（　　　）にも描かれています。

㋓10月29日、北野天満宮において（　　　）が行われます。これは、（　　　）が（　　　）天皇から賜った衣の残り香を詩に詠んだことに由来する行事です。

㋔11月、秋の稔りに感謝し、厄除けを祈願して神前で火を焚く神事を（　　　）といいます。市内の複数の神社で行われ、花山稲荷神社では、最後に（　　　）を投げ入れ、参拝客は風邪薬として持ち帰ります。

◀解答は39頁

京都の祭

14日目

月　日

①京都市内の節分祭のうち、関係のあるものを線で結びましょう

㋐吉田神社　・　・a　こんにゃく煮き
㋑須賀神社　・　・b　鬼おどり
㋒壬生寺　・　・c　方相氏
㋓千本ゑんま堂・　・d　ぬけ参り
㋔廬山寺　・　・e　石見神楽
㋕日向大神宮　・　・f　「節分」上演
㋖松尾大社　・　・g　懸想文売り

②五山送り火について、次の（　　　）を埋めましょう

㋐五山送り火は、お盆に迎えた（　　　）の霊をあの世へと送る行事です。

㋑大文字の字形は、平安時代初期に（　　　）が始めたとする説、室町時代中期に（　　　）の指示により（　　　）が始めたという説、江戸時代初期に（　　　）が始めたという説など諸説あります。

㋒古くは今の五山以外にも市原野の「（　　　）」、鳴滝の「（　　　）」、北嵯峨の「蛇」、観空寺村の「長刀」などがありました。

③五山送り火で点火される山の名を点火される順に番号をつけましょう

大北山（　）　大文字山（　）　西賀茂船山（　）
曼荼羅山（　）　松ヶ崎東山・松ヶ崎西山（　）

④五山を火床の多い順に番号をつけましょう

船形（　）　鳥居形（　）　法（　）
妙（　）　左大文字（　）　大（　）

⑤六斎念仏について、次の（　　　）を埋めましょう

㋐六斎念仏は、（　　　）上人が始めた踊躍念仏に始まり、（　　　）と結びつき、盆行事として定着しました。

㋑念仏を唱えながら鉦や太鼓を打つ（　　　）六斎と、途中に芸能を取り込んだ芸能六斎があります。

㋒京都市では、15の保存会と京都六斎念仏保存団体連合会が、国の（　　　）文化財の指定を受けています。

⑥京都市内で行われる祭りや行事について、次の（　　　）を埋めましょう

㋐11月1日、護王神社では（　　　）が行われます。これは旧暦10月上旬の（　　　）の日に宮中で行われていた（　　　）の儀式に由来するもので、境内で（　　　）を搗きます

㋑11月第2日曜日、愛宕念仏寺で（　　　）の宴が行われ、厄払いの御加持と千観厄除札が授与されます。

㋒11月23日、（　　　）の塔頭正覚庵で（　　　）供養が行われます。これは江戸時代後期に境内に（　　　）を建てて供養したのが始まりです。

㋓11月26日、北野天満宮において（　　　）奉献祭・（　　　）式が行われます。これは豊臣秀吉が開いた（　　　）を由来とする行事で、一の鳥居から境内の茶室（　　　）前を出発して本殿までのお茶壺道中があります。

㋔12月9日、10日は了徳寺において（　　　）が行われます。これは（　　　）聖人が鳴滝を訪れたとき、里人がこれを捧げたことに始まるといわれ、（　　　）除けのご利益があるとされています。

㋕12月13日から31日まで六波羅蜜寺では（　　　）が行われます。「（　　　）念仏」ともいい、京都で疫病が流行した際に、（　　　）上人が救済を願って始めたといわれています。

㋖12月23日には矢田寺において（　　　）供養が行われ、本堂前に奉納されます。参拝者はこれに触ると（　　　）除けや諸病退散のご利益があるといわれます。

◀解答は39頁

ひとやすみ

Ⓘ次の図は祇園祭の山鉾の〈前祭〉配置図です
空いている文字を埋めて、山鉾の位置を示しましょう

Ⓐ（　　　　）鉾
Ⓑ（　　　　）鉾
Ⓒ（　　　　）鉾
Ⓓ（　　　　）山
Ⓔ（　　　　）山
Ⓕ（　　　　）山
Ⓖ（　　　　）山
Ⓗ（　　　　）鉾

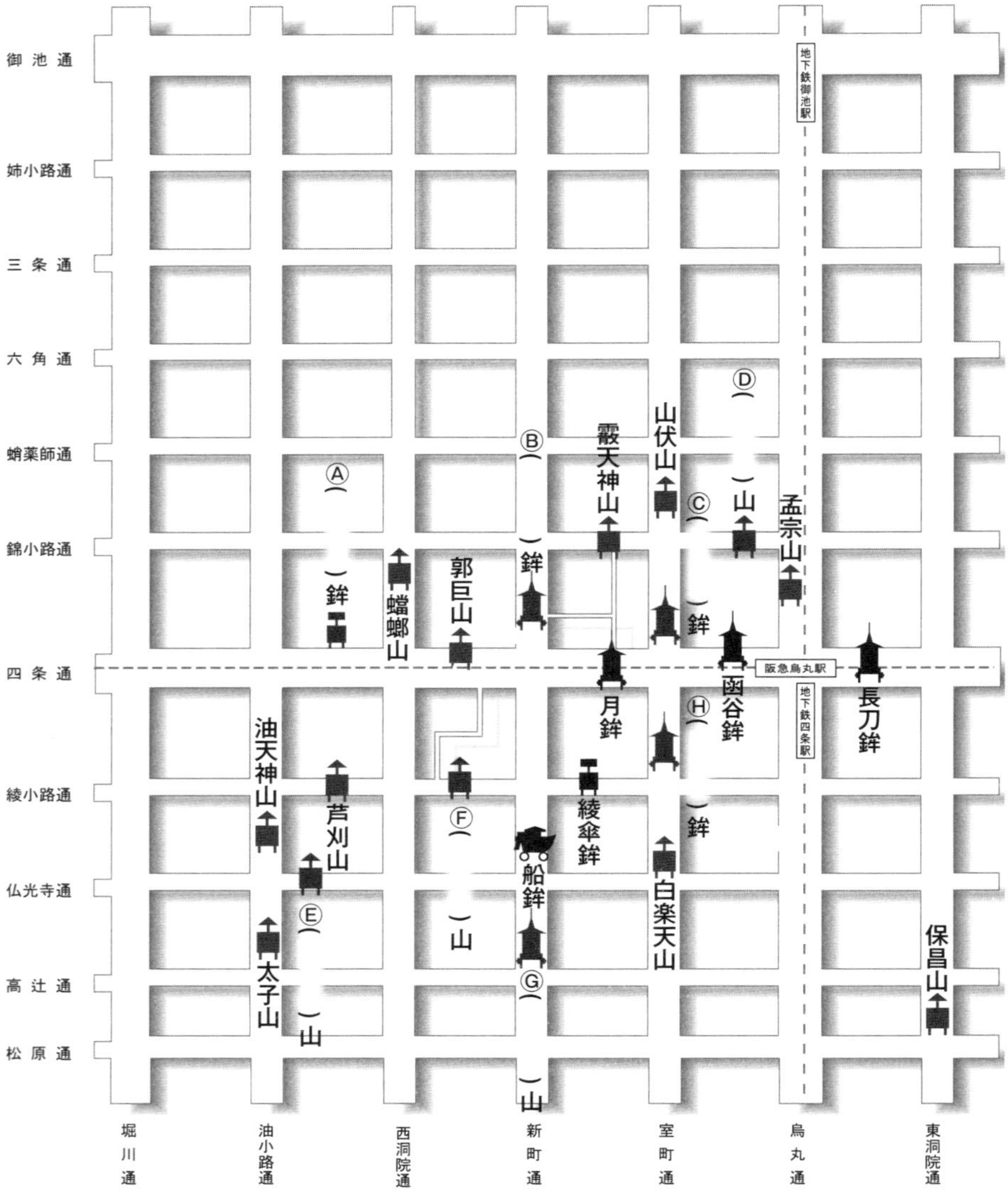

②次の図は祇園祭の山鉾の〈後祭〉配置図です
空いている文字を埋めて、
山鉾の位置を示しましょう

Ⓐ（　　　）山
Ⓑ（　　　）山
Ⓒ（　　　）山
Ⓓ（　　　）山
Ⓔ（　　　）鉾

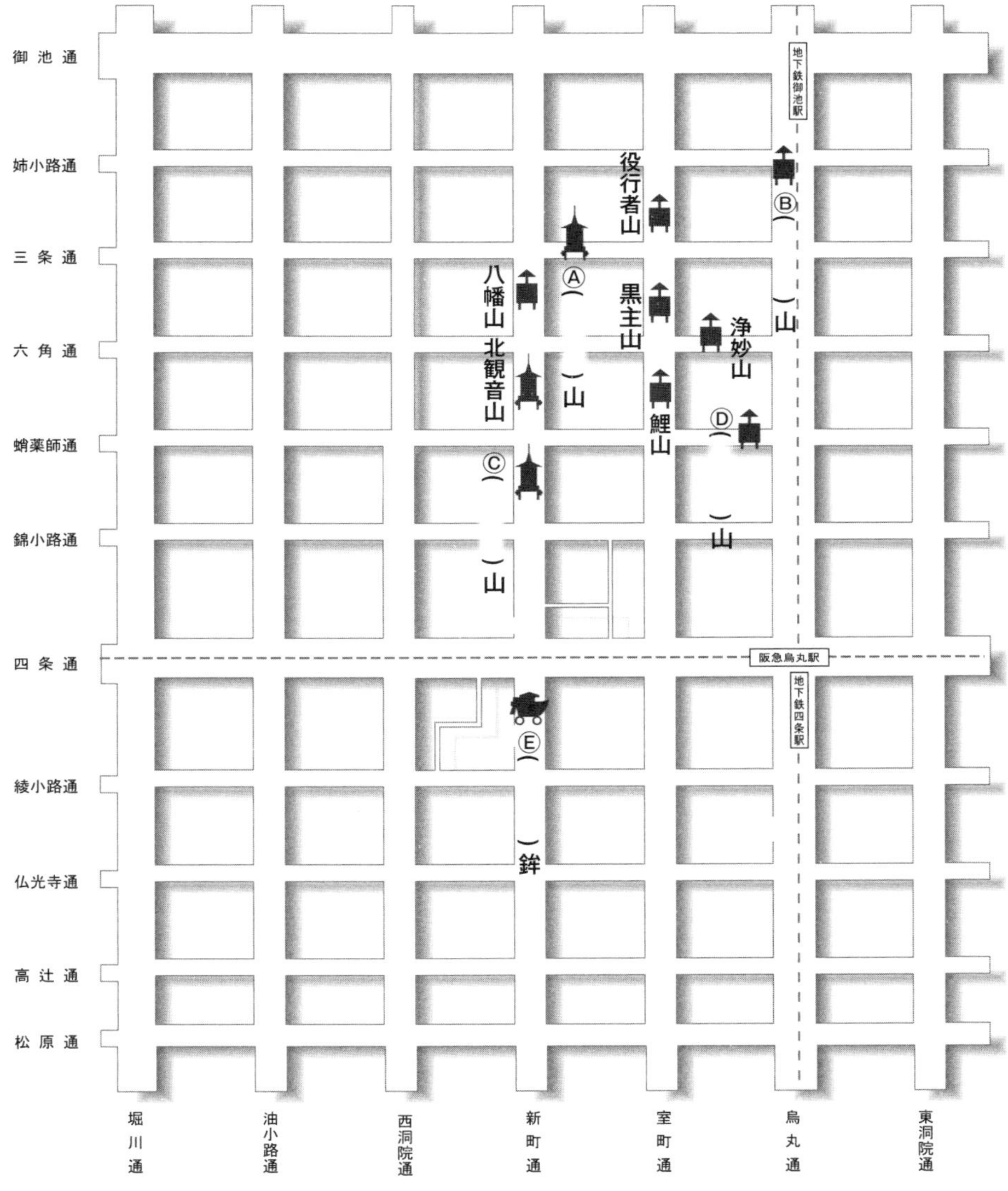

◀解答は39頁

2週目の解答

8日目の解答［22～23ページ］

① ㋐上賀茂神社、下鴨神社、5、15 ㋑山城国、6、賀茂神 ㋒葵上、六条御息所 ㋓伊勢神宮、皇女または王女、嵯峨、有智子、腰輿

② ㋐上賀茂神社 ㋑下鴨神社 ㋒下鴨神社 ㋓上賀茂神社 ㋔上賀茂神社か下鴨神社のいずれか ㋕上賀茂神社 ㋖下鴨神社

③ ㋐蹴鞠、牡鹿、鞠 ㋑針供養、12 ㋒七草粥 ㋓梅、菅原道真、梅花祭、北野大茶湯、梅苑 ㋔宝鏡寺、皇女 ㋕和泉式部

④ ㋐牛頭天王 ㋑盂蘭盆会 ㋒流鏑馬 ㋓稚児 ㋔斎王代 ㋕吉符入 ㋖駒形提灯 ㋗蘇民将来 ㋘追儺式 ㋙鳳輦

9日目の解答［24～25ページ］

① ㋐のりじり ㋑けびいし ㋒ごへいびつ ㋓めりょう ㋔ぎっしゃ ㋕わごん ㋖ひきうま ㋗ふりゅうがさ ㋘べいじゅう ㋙くら ㋚みょうぶ ㋛むねのりおんな、または、むなのりおんな ㋜にょじゅ

② ㋐五月満月祭 ㋑放生会 ㋒成道会 ㋓大祓 ㋔神幸祭 ㋕渡御 ㋖平安講社 ㋗斎竹 ㋘腰輿 ㋙万灯会

③ （解答は奥付の次の頁をご覧ください）

④ ㋐はねず踊り、深草少将、はねず ㋑豊太閤花見行列、豊臣秀吉 ㋒四頭茶会、栄西 ㋓吉野太夫、内八文字、禿、灰屋紹益、山門 ㋔曲水の宴、盃、短冊 ㋕賀茂曲水宴

10日目の解答［26～27ページ］

① ㋐祇園御霊会または祇園会 ㋑八坂神社、7、1、31 ㋒鉾、久世駒形、長刀、綾傘 ㋓粽、笹、蘇民将来之子孫也 ㋔10、4、20、23、11 ㋕北観音、南観音、岩戸、鷹 ㋖船、大船、綾傘、四条傘、真木、鉾頭 ㋗蟷螂、橋弁慶、浄妙、太子、松、太子

② ㋐吉符入 ㋑斎竹建て ㋒駒形提灯 ㋓辻廻し ㋔疫神社夏越祭

③ ㋐刀 ㋑刈 ㋒函 ㋓傘 ㋔下 ㋕戸 ㋖巨 ㋗伯 ㋘船 くじ取らずはア、ウ、オ、カ

④ ㋐c ㋑d ㋒g ㋓b ㋔a ㋕h ㋖e ㋗f ㋘i ㋙j ㋚k

⑤ ㋐高山寺、栂尾 ㋑十輪寺、塩竈 ㋒歯供養 ㋓竹伐り会式、丹波、近江、大蛇 ㋔きゅうり封じ、弘法

11日目の解答［28～29ページ］

① ㋐さきまつり ㋑あとまつり ㋒かきやま ㋓ほこがしら ㋔とうろうやま ㋕とくさやま ㋖えんのぎょうじゃやま ㋗はちまんやま

② ㋐弁慶 ㋑妙 ㋒船 ㋓鈴 ㋔黒 くじ取らずはア、ウ

③ ㋐月と山型 ㋑菊花 ㋒新月型〈三日月〉 ㋓日月星が下界を照らす形 ㋔三角形の中に円

④ ㋐鹿ヶ谷かぼちゃ、真空、中風 ㋑久多、志古淵、灯籠 ㋒松上げ、愛宕、灯籠木、松明 ㋓9、9、烏 ㋔若冲、五百羅漢

㋕義経、遮那王、㋖大沢、龍、鵜、猿沢池、石山寺 ㋗へちま、ぜんそく

12日目の解答［30〜31ページ］

①㋐10、22 ㋑模造朝堂院、桓武、平安神宮 ㋒千百、幕末維新、平安京 ㋓京都市役所、建礼 ㋔平安講社 ㋕20、維新勤王隊 ㋖孝明、桓武 ㋗征夷、坂上田村麻呂

② a勤王隊、b志士、c徳川城使、d江戸時代、e豊公、f織田公、g幕府執政、h洛中風俗、i楠公、j中世、k城南流鏑馬、l藤原公卿、m平安時代、n延暦武官、o延暦文官、p神饌講社、q前、r神幸、s白川女献花、t弓箭組

③㋐阿国 ㋑柴秀吉 ㋒宮 ㋓野 ㋔長秀 ㋕静

④㋐平安時代婦人 ㋑織田公上洛 ㋒平安時代婦人 ㋓中世婦人 ㋔平安時代婦人 ㋕中世婦人

⑤㋐萩まつり、萩の宮 ㋑櫛まつり、久志、祇園、花見 ㋒赦免地踊、八瀬 ㋓今様合、今様、平安、後白河

13日目の解答［32〜33ページ］

①㋐やすらい祭、2 ㋑玄武、川上 ㋒平安、御霊会、疫社 ㋓桜、花傘、花鎮め、やすらい花 ㋔花傘または風流傘、赤熊 ㋕鞍馬の火祭、由岐神社、22 ㋖由岐大明神、八所明神 ㋗鞍馬寺 ㋘神輿、チョッペン ㋙太秦牛祭、大酒 ㋚牛、四天王、祖師堂

②㋐六道珍皇寺 ㋑三十三間堂 ㋒雨宝院 ㋓伏見稲荷大社 ㋔梅宮大社 ㋕醍醐寺 ㋖上賀茂神社 ㋗貴船神社 ㋘西院春日神社 ㋙神護寺 ㋚赤山禅院 ㋛鞍馬寺 ㋜車折神社 ㋝下鴨神社 ㋞北野天満宮 ㋟六孫王神社 ㋠新熊野神社

③㋐落柿舎、向井、俳人、松尾芭蕉 ㋑天門祭、紙屋、おろち ㋒うなぎ、鰻、安産、絵馬 ㋓余香祭、菅原道真、醍醐 ㋔お火焚き、みかん

14日目の解答［34〜35ページ］

①㋐c ㋑g ㋒f ㋓a ㋔b ㋕d ㋖e

②㋐先祖 ㋑空海、足利義政、横川景三、近衛信尹または三藐院 ㋒い、一

③①大文字山→②松ヶ崎東山・松ヶ崎西山→③西賀茂船山→④大北山→⑤曼荼羅山

④①鳥居形→②妙→③船形→④大→⑤法→⑥左大文字

⑤㋐空也、盂蘭盆 ㋑念仏 ㋒重要無形民俗

⑥㋐亥子祭、初亥、お玄猪、亥子餅 ㋑天狗 ㋒東福寺、筆、筆塚 ㋓御茶壺、口切、北野大茶湯、松向軒 ㋔大根焚、親鸞、中風 ㋕空也踊踊念仏、かくれ、空也 ㋖かぼちゃ、中風

ひとやすみの解答［36〜37ページ］

①Ⓐ四条傘 Ⓑ放下 Ⓒ菊水 Ⓓ占出 Ⓔ木賊 Ⓕ伯牙 Ⓖ岩戸 Ⓗ鶏

②Ⓐ鷹 Ⓑ鈴鹿 Ⓒ南観音 Ⓓ橋弁慶 Ⓔ大船

社寺をめぐる　15日目

月　日

①次の塔頭の本山はどこですか

㋐金地院（　　　　）
㋑今熊野観音寺（　　　　）
㋒圓徳院（　　　　）
㋓両足院（　　　　）

②次の寺院の宗派は何でしょうか

㋐高台寺（　　　　）
㋑真如堂（　　　　）
㋒知恩院（　　　　）
㋓詩仙堂（　　　　）
㋔常照寺（　　　　）
㋕泉涌寺（　　　　）

③次の通称で呼ばれる寺院は何というお寺ですか

㋐千本ゑんま堂（　　　　）
㋑金閣寺（　　　　）
㋒釘抜地蔵（　　　　）
㋓松ヶ崎大黒天（　　　　）
㋔六角堂（　　　　）
㋕嵯峨の虚空蔵さん（　　　　）
㋖真如堂（　　　　）

④次のお寺の開基は誰でしょう

㋐建仁寺（　　　　）
㋑天龍寺（　　　　）
㋒妙心寺（　　　　）
㋓龍光院（　　　　）
㋔南禅寺（　　　　）
㋕詩仙堂（　　　　）

⑤次のお寺の開山は誰でしょう

㋐建仁寺（　　　　　　　　　）

㋑天龍寺（　　　　　　　　　）

㋒青蓮寺（　　　　　　　　　）

㋓大徳寺（　　　　　　　　　）

㋔総見院（　　　　　　　　　）

㋕常照寺（　　　　　　　　　）

⑥次のお寺の特徴を表す語として「○○」面」という語があります。それぞれ何というか、選択肢から選びましょう

選択肢→　武家　伽藍　声明　茶　学問　算盤

㋐大徳寺（　　　　）面

㋑妙心寺（　　　　）面

㋒建仁寺（　　　　）面

㋓南禅寺（　　　　）面

㋔相国寺（　　　　）面

㋕東福寺（　　　　）面

⑦次のものと関連のある寺院はどこでしょうか選択肢から選びましょう

選択肢→　廬山寺　建仁寺　南禅寺　法観寺　金地院
方広寺　東福寺　妙満寺　地蔵院　龍安寺　常照寺
大雲院　随心院

㋐絶景かな絶景かな（　　　　）

㋑四頭茶礼（　　　　）

㋒鬼法楽（　　　　）

㋓八坂の塔（　　　　）

㋔祇園閣（　　　　）

㋕道成寺の釣鐘（　　　　）

㋖「国家安康」の梵鐘（　　　　）

㋗通天橋（　　　　）

㋘「吾唯足知」の手水鉢（　　　　）

㋙十六羅漢の庭（　　　　）

㋚鶴亀の庭（　　　　）

㋛小野小町（　　　　）

㋜吉野太夫（　　　　）

◀解答は56頁

社寺をめぐる 16日目

月　日

①次の塔頭の本山はどこですか

㋐西翁院（　　）
㋑聚光院（　　）
㋒退蔵院（　　）
㋓三宝院（　　）

②次の寺院の宗派は何でしょうか

㋐本能寺（　　）
㋑三千院（　　）
㋒壬生寺（　　）
㋓源光庵（　　）
㋔法然院（　　）
㋕等持院（　　）

③次の通称で呼ばれる寺院は何というお寺ですか

㋐千本釈迦堂（　　）
㋑鈴虫寺（　　）
㋒永観堂（　　）
㋓黒谷さん（　　）
㋔三十三間堂（　　）
㋕達磨寺（　　）

④次のお寺の開基は誰でしょう。

㋐東寺（　　）
㋑龍安寺（　　）
㋒金閣寺（　　）
㋓銀閣寺（　　）
㋔三十三間堂（　　）
㋕高台寺（　　）

⑤次のものと関連のある寺院はどこでしょうか 選択肢から選びましょう

選択肢↓ 六角堂　大覚寺　詩仙堂　寂光院　青蓮院
知恩院　天龍寺　実相院　革堂　高山寺　源光庵
神光院　銀閣寺

㋐石川丈山隠棲の地（　　　）
㋑建礼門院（　　　）
㋒大田垣蓮月隠棲の地（　　　）
㋓忘れ傘（　　　）
㋔床もみじ（　　　）
㋕幽霊絵馬（　　　）
㋖銀沙灘・向月台（　　　）
㋗迷いの窓と悟りの窓（　　　）
㋘嵯峨御所（　　　）
㋙粟田御所（　　　）
㋚八方睨みの龍（　　　）
㋛鳥獣人物戯画（　　　）
㋜へそ石（　　　）

⑥京都五山の一覧のうち、空いているところを埋めましょう

	寺格	寺名	開山	開基
㋐	五山之上	南禅寺	無関普門	（　　　）天皇
㋑	五山第一	天龍寺	（　　　）	足利尊氏
㋒	五山第二	（　　　）	夢窓疎石	足利義満
㋓	五山第三	建仁寺	明庵栄西	源（　　　）
㋔	五山第四	東福寺	（　　　）	九條道家
㋕	五山第五	（　　　）	十地覚空 東山湛照	郁芳門院

◀解答は56頁

社寺をめぐる 17日目

月　　日

①次の塔頭の本山はどこですか

㋐孤篷庵（　　　　）
㋑正伝永源院（　　　　）
㋒芬陀院（　　　　）
㋓岡林院（　　　　）

②次の寺院の宗派は何でしょうか

㋐青蓮院（　　　　）
㋑東本願寺（　　　　）
㋒龍安寺（　　　　）
㋓広隆寺（　　　　）
㋔清水寺（　　　　）

③次の通称で呼ばれる寺院は何というお寺ですか

㋐因幡堂（　　　　）
㋑銀閣寺（　　　　）
㋒蛸薬師堂（　　　　）
㋓小町寺（　　　　）
㋔なりひら寺（　　　　）
㋕六道さん（　　　　）

④次の語句について関連するものを線で結びましょう

㋐夢窓疎石・　　・a　退蔵院
㋑小堀遠州・　　・b　東福寺
㋒石川丈山・　　・c　平安神宮
㋓小川治兵衛・　　・d　渉成園
㋔重森三玲・　　・e　孤篷庵
㋕中根金作・　　・f　天龍寺

⑤次の文の（　　）を埋めましょう

㋐清水寺は、この地に鹿狩りに来た（　　　　）が殺生を戒められ、お堂を建てたのに始まると伝えられています。平安時代から賑わった地で、清少納言もその様子を『（　　　　）』に「（　　　　）もの」と著しました。

㋑金閣寺は、足利義満が造営した（　　　　）を、その死後（　　　　）を開山として臨済宗寺院としたものです。金閣は三層からなり、最上層は（　　　　）造、中層は（　　　　）造、最下層は（　　　　）造になっています。

㋒銀閣寺は、（　　　　）が浄土寺跡に造営した（　　　　）に始まり、義政の死後に（　　　　）を勧請開山として禅宗寺院になりました。

⑥次のお寺の開山は誰でしょう

㋐源光庵（　　　　）

㋑知恩院（　　　　）

㋒六波羅蜜寺（　　　　）

㋓東福寺（　　　　）

㋔神泉苑（　　　　）

㋕妙心寺（　　　　）

⑦次の札所はどのお寺でしょう

㋐真言宗十八本山第12番（　　　　）

㋑法然上人二十五霊場第25番（　　　　）

㋒西国三十三所第16番（　　　　）

㋓近畿三十六不動尊霊場第16番（　　　　）

㋔京都十二薬師霊場第4番（　　　　）

㋕西国三十三所第18番（　　　　）

◀解答は56頁

月　　日

①次の塔頭の本山はどこですか

㋐弘源寺　（　　　　　）
㋑長得院　（　　　　　）
㋒大心院　（　　　　　）
㋓成就院　（　　　　　）

②次の寺院の宗派は何でしょうか

㋐石峰寺　（　　　　　）
㋑善峯寺　（　　　　　）
㋒了徳寺　（　　　　　）
㋓醍醐寺　（　　　　　）
㋔常照皇寺　（　　　　　）
㋕染殿院　（　　　　　）

③次の通称で呼ばれる寺院は何というお寺ですか

㋐東寺　（　　　　　）
㋑苔寺　（　　　　　）
㋒革堂　（　　　　　）
㋓西陣聖天　（　　　　　）
㋔目疾地蔵　（　　　　　）
㋕日野薬師　（　　　　　）

④能の曲名とその舞台となった寺院を線で結びましょう

㋐大原御幸・	・a	泉涌寺
㋑花月・	・b	清水寺
㋒舎利・	・c	寂光院
㋓経正・	・d	清涼寺
㋔百万・	・e	仁和寺

⑤次の文の（　　　）を埋めましょう

㋐高台寺は、（　　　）の供養のため、正室の北政所（ねね）が創建しました。霊屋内部の須弥壇・厨子に施された蒔絵装飾は（　　　）として知られています。

㋑（　　　）は、平安京遷都の際に国家鎮護のために創建された（　　）で、（　　　）の東に位置していました。その後、（　　　）に下賜されて（　　　）教の道場として（　　　）寺と改称されました。

㋒「花の寺」と呼ばれる大原野の（　　　）は歌僧の西行が出家した寺として知られ、ゆかりの（　　　）があります。

⑥寺院とご利益を線で結びましょう

㋐本隆寺 ・	・a	雨止み祈願
㋑宝鏡寺 ・	・b	ラブレター上達
㋒誓願寺 ・	・c	技芸上達
㋓頂法寺（六角堂） ・	・d	女性守護
㋔清涼寺 ・	・e	健脚長寿
㋕随心院 ・	・f	人形供養
㋖仲源寺 ・	・g	電気守護
㋗狸谷山不動院 ・	・h	極楽往生
㋘真正極楽寺（真如堂） ・	・i	華道上達
㋙法輪寺 ・	・j	夜泣き止め

◀解答は56頁

社寺をめぐる　19日目

月　日

①次のものを所蔵する寺院を選択肢から選びましょう

選択肢↓　建仁寺　禅林寺　教王護国寺　泉涌寺
青蓮院　曼殊院　金戒光明寺　智積院　広隆寺
六波羅蜜寺

㋐見返り阿弥陀（　　　）
㋑黄不動（　　　）
㋒青不動（　　　）
㋓楊貴妃観音（　　　）
㋔五劫思惟阿弥陀仏（　　　）
㋕空也上人像（　　　）
㋖立体曼荼羅（　　　）
㋗弥勒菩薩半跏思惟像（　　　）
㋘俵屋宗達　風神雷神図屏風（　　　）
㋙長谷川等伯　桜楓図（　　　）

②次のもので知られる寺院はどこでしょうか

㋐九重桜（　　　）
㋑普賢象桜（　　　）
㋒歓喜桜（　　　）
㋓御会式桜（　　　）
㋔軒端の梅（　　　）
㋕後水尾上皇遺愛の日光椿（　　　）
㋖お多福桜（　　　）
㋗遊龍の松（　　　）
㋘通し矢（　　　）
㋙安珍・清姫の鐘（　　　）
㋚左甚五郎の忘れ傘（　　　）
㋛吉野太夫寄進の赤門（　　　）

③次の文の（　　）を埋めましょう

㋐（　　）境内の狂言堂では嵯峨大念仏狂言が行われます。この地は光源氏のモデル（　　）の山荘があったところです。

㋑（　　）は、嵯峨天皇の離宮を寺としたものです。中国の（　　）湖を模したといわれる（　　）は月の名所として知られ、中秋の名月の日には（　　）が催されます。また庭園の一角にある遺構の（　　）跡は、藤原公任の「滝の音は絶えて久しくなりぬれど（　　）」の歌で知られています。

㋒祇王寺は（　　）の寵愛を失った白拍子の祇王が出家した尼寺で、その物語は『（　　）』に記されています。

㋓京都の三閣のひとつ、西本願寺の（　　）は境内の庭園（　　）に建ち、豊臣秀吉の（　　）の遺構とも伝えられています。

④次の茶室はどの寺院にありますか線で結びましょう

㋐好文亭・	・a 建仁寺
㋑澱看席・	・b 西芳寺
㋒傘亭・	・c 仁和寺
㋓飛濤亭・	・d 金地院
㋔忘筌・	・e 青蓮院
㋕八窓席・	・f 聚光院
㋖湘南亭・	・g 西翁院
㋗閑隠席・	・h 孤篷庵
㋘東陽坊・	・i 高台寺

◀解答は56頁

社寺をめぐる　20日目

月　　日

①次の寺社で授与されるものを線で結びましょう　またそれは何の行事の際に授与されますか

㋐伏見稲荷大社・　　・a 午王札（法界寺裸踊り）
㋑五條天神宮・　　・b 稲宝来（終い金比羅祭から初金比羅祭まで）
㋒恵美須神社・　　・c 宝船図（節分祭）
㋓法界寺・　　・d しるしの杉（初午大祭）
㋔安井金比羅宮・　　・e 福笹（十日ゑびす大祭）

②次の御利益で知られる寺社を選択肢から選びましょう

選択肢→　城南宮　敷地神社　首途八幡宮　仲源寺
安井金比羅宮　白山神社　愛宕神社　三宅八幡宮
満足稲荷神社　今宮神社　大将軍八神社　車折神社
櫟谷七野神社　東丸神社　白峯神宮

㋐旅の安全（　　）　㋑安産（　　）
㋒疳の虫封じ（　　）　㋓歯痛平癒（　　）
㋔火伏せ（　　）　㋕眼病平癒（　　）
㋖芸能上達（　　）　㋗合格祈願（　　）
㋘玉の輿（　　）　㋙交通安全（　　）
㋚方除け（　　）　㋛浮気封じ（　　）
㋜球技上達（　　）　㋝出世開運（　　）
㋞悪縁切りと良縁結び（　　）

③次の花で知られる寺社を選択肢から選びましょう

選択肢→　梨木神社　法金剛院　藤森神社　廬山寺
大田神社　志明院　松尾大社　北野天満宮

㋐梅（　　）　㋑紫陽花（　　）
㋒桔梗（　　）　㋓蓮（　　）
㋔石楠花（　　）　㋕燕子花（　　）
㋖萩（　　）　㋗山吹（　　）

④次のものと関連のある神社はどこでしょうか選択肢から選びましょう

選択肢↓　蚕の社　藤森神社　大原野神社　綾戸國中神社
今宮神社　厳島神社　伏見稲荷大社　平岡八幡宮

㋐唐破風鳥居　（　　　　　）
㋑駈馬神事　（　　　　　）
㋒久世駒形稚児　（　　　　　）
㋓阿呆賢さん　（　　　　　）
㋔三柱鳥居　（　　　　　）
㋕花の天井　（　　　　　）
㋖瀬和井の清水　（　　　　　）
㋗おもかる石　（　　　　　）

⑤次の文の（　　）を埋めましょう

㋐（　　　　）神社は、（　　　　）の斎宮に選ばれた皇女が参宮の前に潔斎のために籠った地で、『源氏物語』の（　　　　）の巻に登場します。正面にある（　　　　）鳥居は、原木がそのまま使われたもので、最古の様式を伝えています。

㋑伏見稲荷大社は、五穀の実りの悪い年が続いたため、（　　　　）が稲荷大神を稲荷山に2月（　　　　）の日に祀ったことに始まるといわれています。境内にある稲荷大神の使いとされる（　　　　）の像は、それぞれ稲穂、（　　　　）、（　　　　）、（　　　　）をくわえた姿をしています。

㋒下鴨神社には上賀茂神社の祭神である（　　　　）大神の母である（　　　　）命と祖父である（　　　　）命が祀られています。社叢である（　　　　）は太古の原生林の姿を残し、御手洗池から流れ出た（　　　　）川はならの小川、（　　　　）の小川と名前を変えて鴨川に注ぎます。

㋓上賀茂神社は下鴨神社とあわせて（　　　　）と呼ばれる京都で最も古い神社で、（　　　　）氏の氏神として祀られたのが始まりです。

◀解答は57頁

社寺をめぐる　21日目

月　　日

①次の寺社の狛犬は様々な動物の姿をしています それぞれ何の動物でしょうか

㋐護王神社　（　　　）
㋑鞍馬寺　（　　　）
㋒大原野神社　（　　　）
㋓岡崎神社　（　　　）
㋔三宅八幡宮　（　　　）
㋕新日吉神宮　（　　　）

②都七福神めぐりはそれぞれどこの寺社でしょうか

㋐恵美須神　（　　　）
㋑大黒天　（　　　）
㋒毘沙門天　（　　　）
㋓弁財天　（　　　）
㋔福禄寿　（　　　）
㋕寿老神　（　　　）

③洛陽六阿弥陀めぐりの寺院はどこでしょう （　　）を埋めて寺院名を完成させましょう

㋐真（　　　）堂
㋑（　　　）観堂
㋒（　　　）寺阿弥陀堂
㋓安（　　　）院
㋔倒蓮華（　　　）寺
㋕（　　　）寺

④次のお寺と本尊を線で結びましょう

㋐八坂庚申堂　・　　・a　五大明王
㋑真如堂　・　　・b　法然上人像
㋒引接寺　・　　・c　泰山府君
㋓清涼寺　・　　・d　青面金剛
㋔大覚寺　・　　・e　生身の釈迦
㋕知恩院御影堂　・　　・f　うなずきの弥陀
㋖赤山禅院　・　　・g　閻魔法王

⑤次の文の（　　）を埋めましょう

㋐晴明神社は、平安時代中期の（　　）学者である（　　）晴明を祀っています。晴明は、星座の急変するのを見て（　　）天皇の退位を予知したと伝えられています。

㋑（　　）を祀る北野天満宮は（　　）の神様として信仰を集め、境内には撫でると頭がよくなるといわれる（　　）があります。また「（　　）吹かば匂ひおこせよ（　　）の花あるじなしとて（　　）を忘るな」の歌が有名な（　　）が本殿前に植えられています。

㋒八坂神社は（　　）を主祭神とし、その祭礼は（　　）祭として広く知られています。その神紋は主祭神に由来して武勇を表す（　　）紋と、（　　）紋を組み合わせたものです。

⑥次のお寺の別称を選択肢から選びましょう

選択肢→　大報恩寺　旧粟田御所　引接寺　真如堂
泉涌寺　金閣寺　十輪寺　六波羅蜜寺　宝鏡寺　法輪寺
清涼寺　知恩寺

㋐青蓮院（　　）
㋑真正極楽寺（　　）
㋒北山殿（　　）
㋓御寺（　　）
㋔千本ゑんま堂（　　）
㋕千本釈迦堂（　　）
㋖六はらさん（　　）
㋗嵯峨の虚空蔵さん（　　）
㋘百々御所（　　）
㋙嵯峨釈迦堂（　　）
㋚百万遍（　　）
㋛業平寺（　　）

◀解答は57頁

ひとやすみ

Ⓘ次の地図の番号は寺社の場所を示しています それぞれどこでしょうか

選択肢↓ 伏見稲荷大社 上賀茂神社
東寺 光悦寺 泉涌寺 高山寺 神護寺
仁和寺 城南宮 龍安寺 天龍寺
法然院 源光庵 広隆寺 醍醐寺

Ⓐ（　　　　）
Ⓑ（　　　　）
Ⓒ（　　　　）
Ⓓ（　　　　）
Ⓔ（　　　　）
Ⓕ（　　　　）
Ⓖ（　　　　）
Ⓗ（　　　　）
Ⓘ（　　　　）
Ⓙ（　　　　）
Ⓚ（　　　　）
Ⓛ（　　　　）
Ⓜ（　　　　）
Ⓝ（　　　　）
Ⓞ（　　　　）

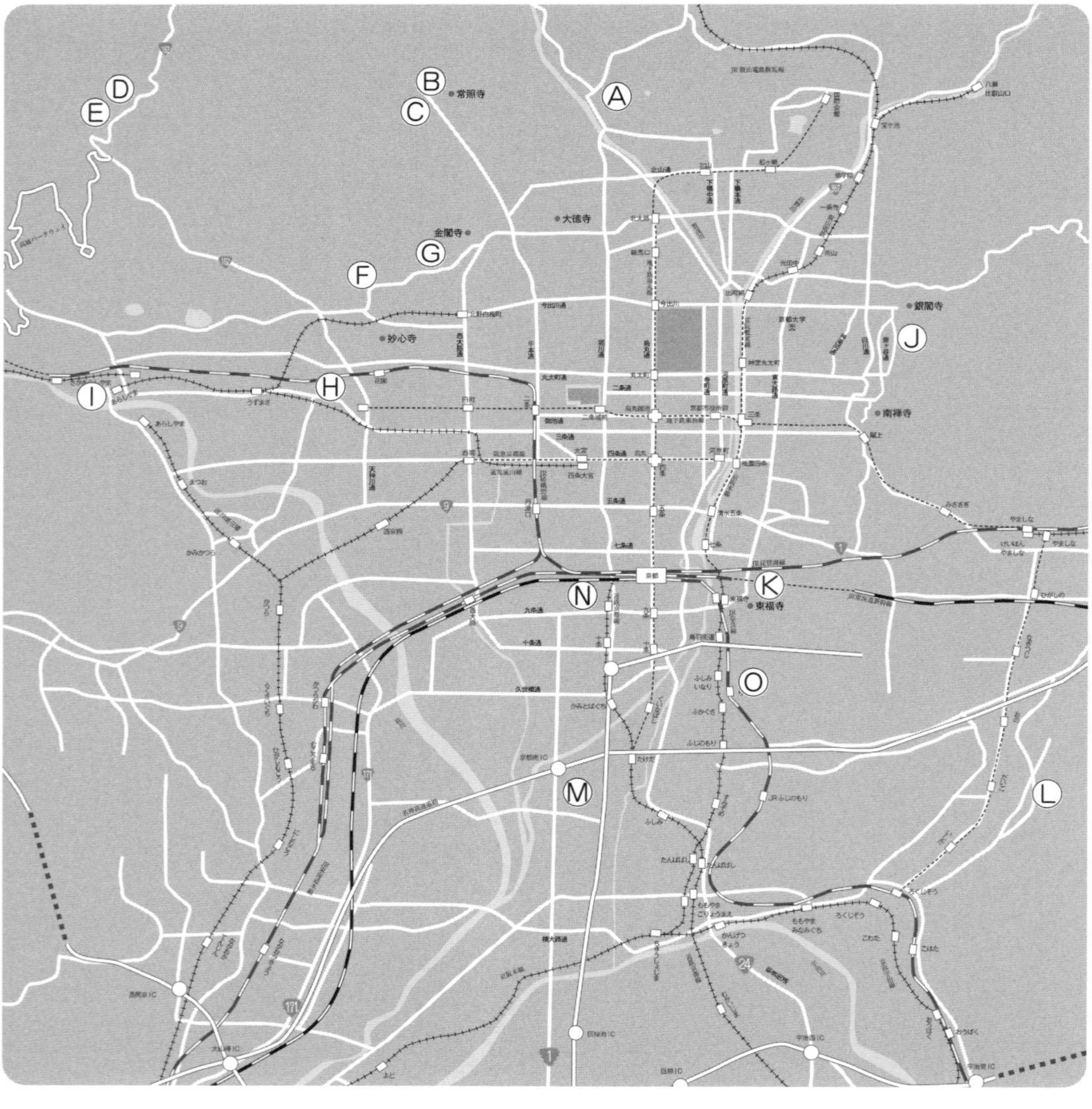

②次の図はお寺や神社の境内図です
それぞれどこのものでしょうか

A（　　　　）　B（　　　　）
C（　　　　）　D（　　　　）

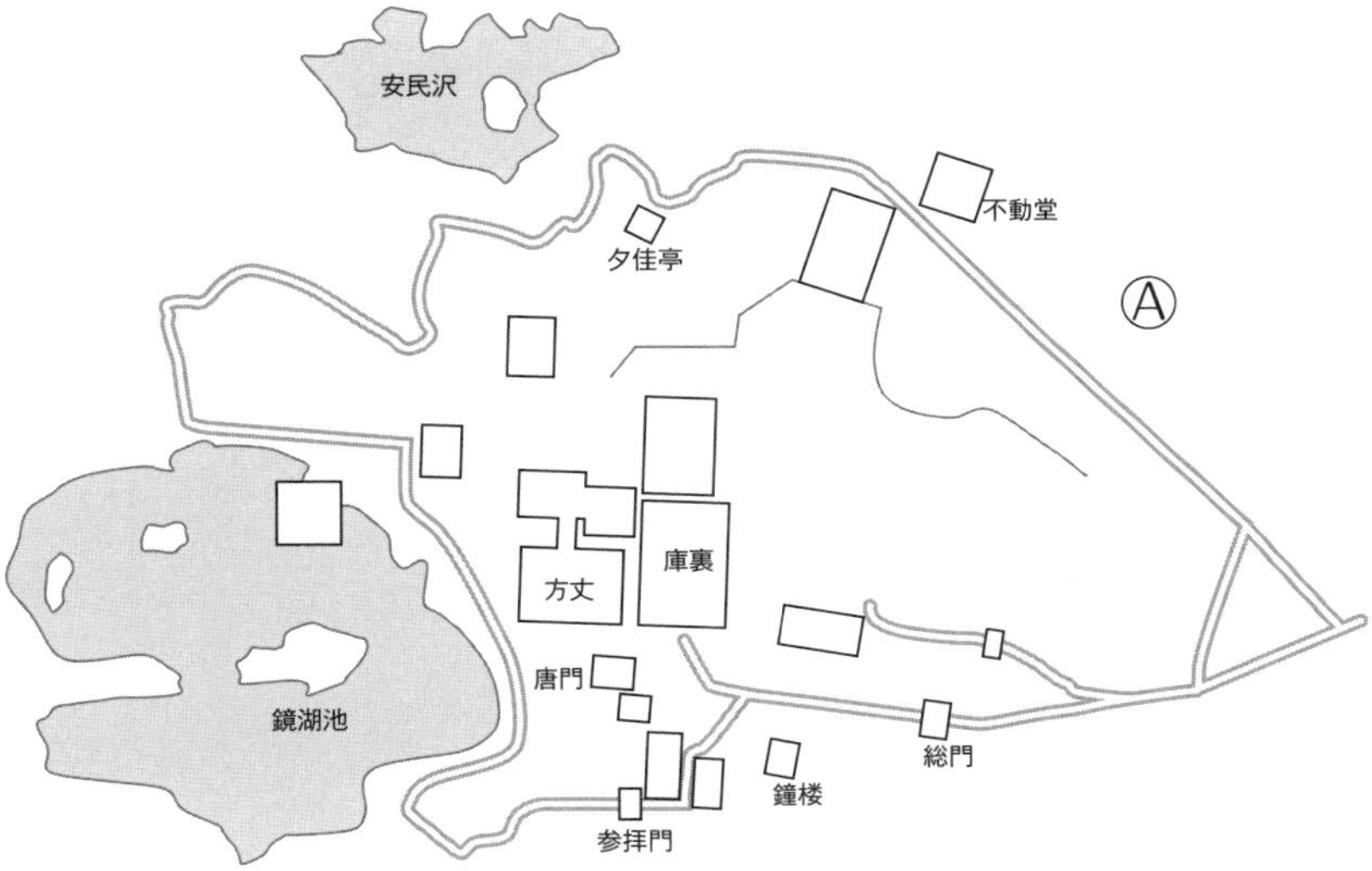

Ⓐ

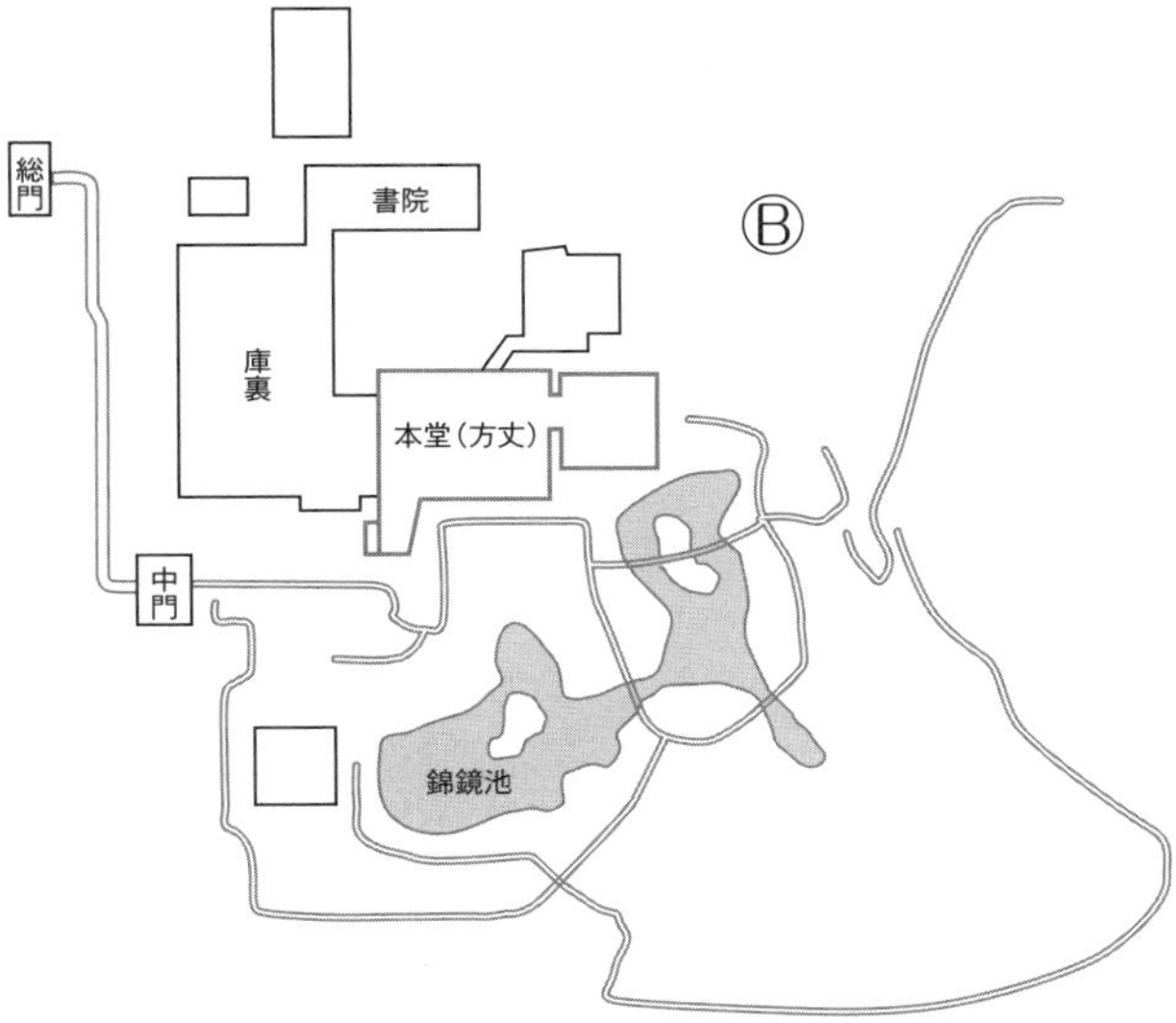

Ⓑ

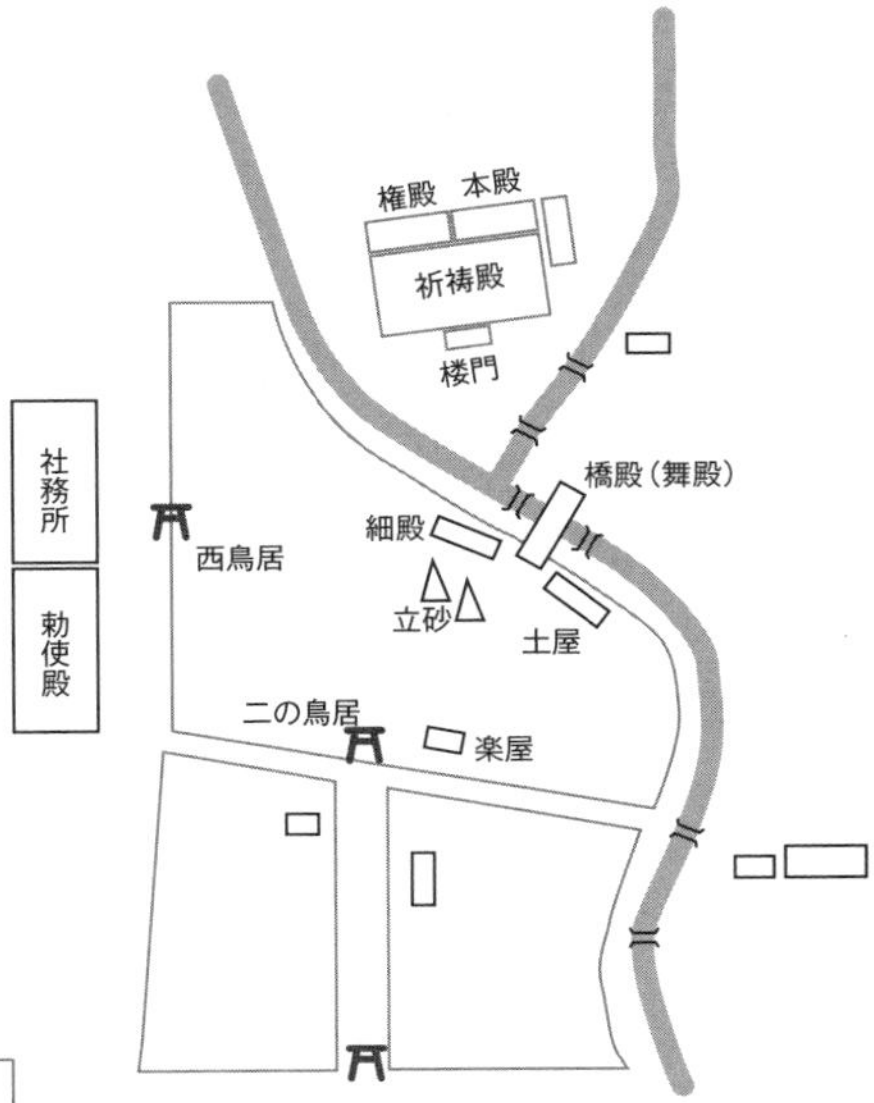

Ⓒ

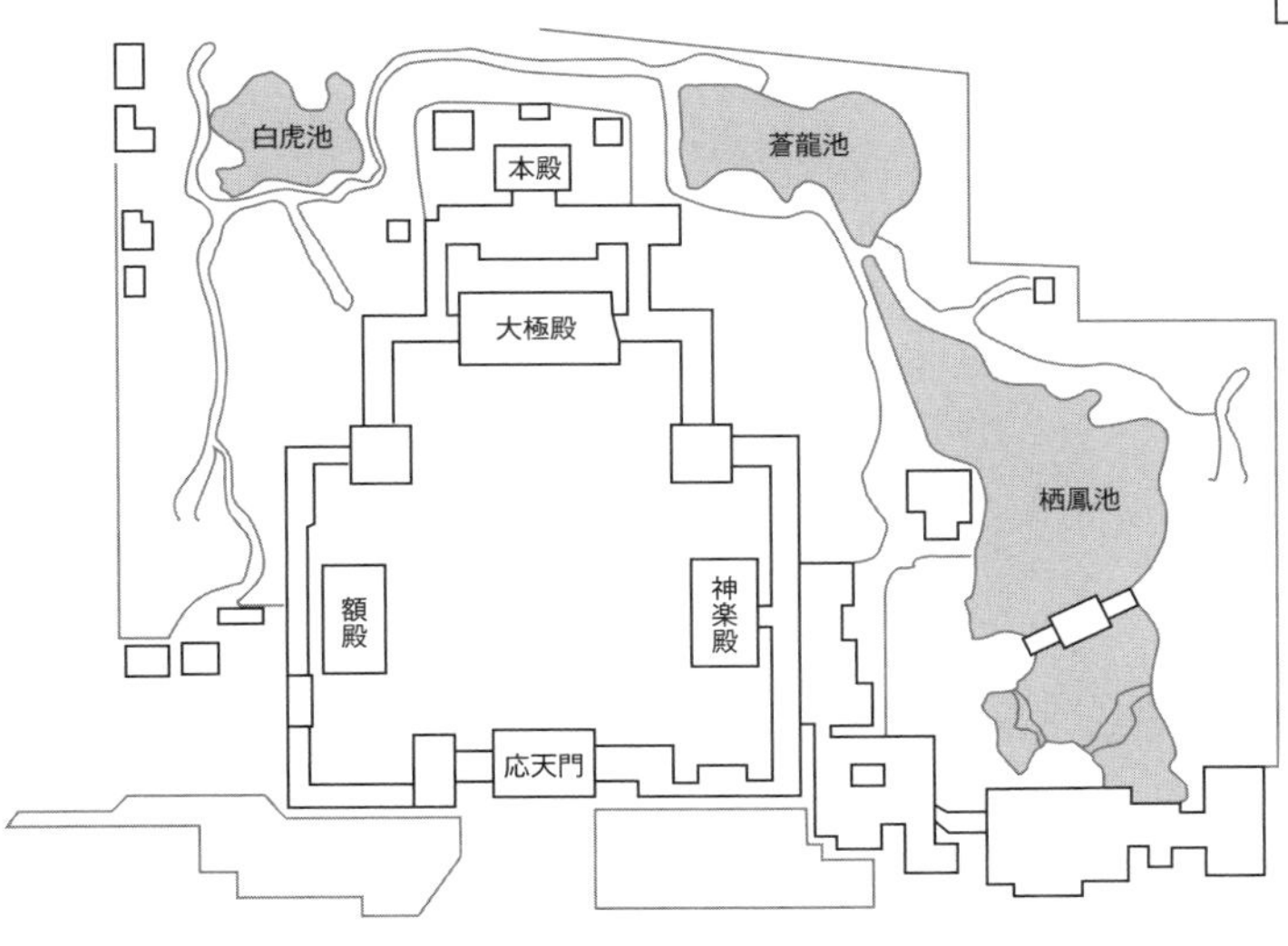

Ⓓ

◀解答は57頁

社寺をめぐる　3週目の解答

15日目の解答［40〜41ページ］

① ㋐南禅寺　㋑泉涌寺　㋒高台寺　㋓建仁寺
② ㋐臨済宗　㋑天台宗　㋒浄土宗　㋓曹洞宗　㋔日蓮宗　㋕真言宗
③ ㋐引接寺　㋑鹿苑寺　㋒石像寺　㋓妙円寺　㋔頂法寺　㋕法輪寺　㋖真正極楽寺
④ ㋐源頼家　㋑足利尊氏　㋒花園天皇　㋓黒田長政　㋔亀山法皇　㋕石川丈山
⑤ ㋐明庵栄西　㋑夢窓疎石　㋒最澄　㋓宗峰妙超　㋔古渓宗陳　㋕日乾
⑥ ㋐茶　㋑算盤　㋒学問　㋓武家　㋔声明　㋕伽藍
⑦ ㋐南禅寺　㋑建仁寺　㋒盧山寺　㋓法観寺　㋔大雲院　㋕妙満寺　㋖方広寺　㋗東福寺　㋘龍安寺　㋙地蔵院　㋚金地院　㋛随心院　㋜常照寺

16日目の解答［42〜43ページ］

① ㋐金戒光明寺　㋑大徳寺　㋒妙心寺　㋓醍醐寺
② ㋐日蓮宗（法華宗）　㋑天台宗　㋒律宗　㋓曹洞宗　㋔浄土宗　㋕臨済宗
③ ㋐大報恩寺　㋑華厳寺　㋒禅林寺　㋓金戒光明寺　㋔蓮華王院　㋕法輪寺
④ ㋐桓武天皇　㋑細川勝元　㋒足利義満　㋓足利義政　㋔後白河法皇　㋕北政所
⑤ ㋐詩仙堂　㋑寂光院　㋒神光院　㋓知恩院　㋔実相院　㋕革堂　㋖銀閣寺　㋗源光庵　㋘大覚寺　㋙青蓮院　㋚天龍寺　㋛高山寺　㋜六角堂
⑥ ㋐亀山　㋑夢窓疎石　㋒相国寺　㋓頼家　㋔円爾　㋕万寿寺

17日目の解答［44〜45ページ］

① ㋐大徳寺　㋑建仁寺　㋒東福寺　㋓高台寺
② ㋐天台宗　㋑浄土真宗　㋒臨済宗　㋓真言宗　㋔北法相宗
③ ㋐平等寺　㋑慈照寺　㋒永福寺　㋓補陀洛寺　㋔十輪寺　㋕六道珍皇寺
④ ㋐f　㋑e　㋒d　㋓c　㋔b　㋕a
⑤ ㋐坂上田村麻呂、枕草子、さはがしき　㋑北山殿、夢窓疎石、禅宗仏殿、武家、寝殿　㋒足利義政、東山殿または東山山荘、夢窓疎石
⑥ ㋐徹翁義亨　㋑法然　㋒空也　㋓円爾　㋔空海　㋕関山慧玄
⑦ ㋐醍醐寺　㋑知恩院　㋒清水寺　㋓三千院　㋔壬生寺　㋕六角堂または頂法寺

18日目の解答［46〜47ページ］

① ㋐天龍寺　㋑相国寺　㋒妙心寺　㋓清水寺
② ㋐黄檗宗　㋑天台宗　㋒浄土真宗　㋓真言宗　㋔臨済宗　㋕時宗
③ ㋐教王護国寺　㋑西芳寺　㋒行願寺　㋓雨宝院　㋔仲源寺　㋕法界寺
④ ㋐c　㋑b　㋒a　㋓e　㋔d

⑤ ㋐豊臣秀吉、高台寺蒔絵 ㋑東寺、官寺、羅城門、空海、真言密、教王護国 ㋒勝持寺、西行桜

⑥ ㋐j ㋑f ㋒c ㋓i ㋔h ㋕b ㋖a ㋗e ㋘d ㋙g

19日目の解答［48〜49ページ］

① ㋐禅林寺 ㋑曼殊院 ㋒青蓮院 ㋓泉涌寺 ㋔金戒光明寺 ㋕六波羅蜜寺 ㋖教王護国寺 ㋗広隆寺 ㋘建仁寺 ㋙智積院

② ㋐常照皇寺 ㋑千本ゑんま堂または引接寺 ㋒雨宝院または西陣聖天 ㋓妙蓮寺 ㋔東北院 ㋕霊鑑寺 ㋖仁和寺 ㋗善峯寺 ㋘三十三間堂 ㋙妙満寺 ㋚知恩院 ㋛常照寺

③ ㋐清涼寺、源融 ㋑大覚寺、洞庭、大沢池、観月の夕べ、名古曽滝、名こそ流れてなほ聞こえけれ ㋒平清盛、平家物語 ㋓飛雲閣、滴翠園、聚楽第

④ ㋐e ㋑g ㋒i ㋓c ㋔h ㋕d ㋖b ㋗f ㋘a

20日目の解答［50〜51ページ］

① ㋐d ㋑c ㋒e ㋓a ㋔b

② ㋐首途八幡宮 ㋑敷地神社 ㋒三宅八幡宮 ㋓白山神社 ㋔愛宕神社 ㋕仲源寺 ㋖車折神社 ㋗東丸神社 ㋘今宮神社 ㋙城南宮 ㋚大将軍八神社 ㋛櫟谷七野神社 ㋜白峯神宮 ㋝満足稲荷神社 ㋞安井金比羅宮

③ ㋐北野天満宮 ㋑藤森神社 ㋒盧山寺 ㋓法金剛院 ㋔志明院 ㋕大田神社 ㋖梨木神社 ㋗松尾大社

④ ㋐厳島神社 ㋑藤森神社 ㋒綾戸國中神社 ㋓今宮神社 ㋔蚕の社 ㋕平岡八幡宮 ㋖大原野神社 ㋗伏見稲荷大社

⑤ ㋐野宮、伊勢神宮、賢木、黒木 ㋑秦伊呂具または秦伊呂巨、初午、狐、玉、鍵、巻物 ㋒賀茂別雷、玉依媛、賀茂建角身、糺の森、御手洗、瀬見 ㋓賀茂社、賀茂

21日目の解答［52〜53ページ］

① ㋐猪 ㋑虎 ㋒鹿 ㋓兎 ㋔鳩 ㋕猿

② ㋐恵美須神社 ㋑松ヶ崎大黒天または妙円寺 ㋒東寺または教王護国寺 ㋓六波羅蜜寺 ㋔赤山禅院 ㋕革堂または行願寺

③ ㋐如 ㋑永 ㋒清水 ㋓祥 ㋔安養 ㋕誓願

④ ㋐d ㋑f ㋒g ㋓e ㋔a ㋕b ㋖c

⑤ ㋐天文、安倍、花山 ㋑菅原道真、学問、撫牛、東風、梅、春、飛梅 ㋒素戔嗚尊、祇園、巴、唐花木瓜

⑥ ㋐旧粟田御所 ㋑真如堂 ㋒金閣寺 ㋓泉涌寺 ㋔引接寺 ㋕大報恩寺 ㋖六波羅蜜寺 ㋗法輪寺 ㋘宝鏡寺 ㋙清涼寺 ㋚知恩寺 ㋛十輪寺

ひとやすみの解答［54〜55ページ］

① Ⓐ上賀茂神社 Ⓑ源光庵 Ⓒ光悦寺 Ⓓ高山寺 Ⓔ神護寺 Ⓕ仁和寺 Ⓖ龍安寺 Ⓗ広隆寺 Ⓘ天龍寺 Ⓙ法然院 Ⓚ泉涌寺 Ⓛ醍醐寺 Ⓜ城南宮 Ⓝ東寺 Ⓞ伏見稲荷大社

② Ⓐ鹿苑寺（金閣寺） Ⓑ慈照寺（銀閣寺） Ⓒ上賀茂神社 Ⓓ平安神宮

①次の語を意味や関係のあるものと線で結びましょう

㋐あがる ・	・a	南北の通りを南へ進む
㋑なおす ・	・b	ごみ
㋒さがる ・	・c	南北の通りを北へ進む
㋓いらう ・	・d	片づける
㋔ねぶる ・	・e	飴
㋕ほかす ・	・f	さわる
㋖あかる ・	・g	あん
㋗まんまんちゃん ・	・h	雨
㋘ぐねる ・	・i	ぐったりと疲れる
㋙へたばる ・	・j	捻挫する

②次のお菓子とゆかりの神社を線で結びましょう

㋐あぶり餅 ・	・a	下鴨神社
㋑やきもち ・	・b	上賀茂神社
㋒みたらし団子 ・	・c	上御霊神社
㋓唐板 ・	・d	今宮神社
㋔粟餅 ・	・e	三宅八幡宮
㋕鳩餅 ・	・f	北野天満宮

③次の表は京都の伝説のキーワードを並べたものです選択肢の漢字を使って（　）を埋めましょう

選択肢↓　頼　弁　猿　合　旦　水　恩　報　革　火　光　慶　宗　槌

㋐蜘蛛塚	上品蓮台寺	源□□
㋑鬼門の猿	京都御所	□が辻
㋒□□狐	相国寺	稲荷
㋓撞かずの鐘	□□寺	丁稚と織子

オ	登天石	□□天満宮	性坊尊意僧正
カ	幽霊絵馬	□堂	おふみ
キ	□□石	三条通御幸町	遺愛の石
ク	□□稲荷	粟田口	三条小鍛冶宗近

④次の文の（　）を埋めましょう

ア門松を簡略化したお正月飾りの一種で、和紙を巻き、水引で結んで玄関に飾る松を（　　）といいます。

イ鏡餅は、（　　）段に重ねた餅で、清廉潔白や夫婦円満を表す（　　）、子孫繁栄を願う（　　）、子を生むまたは「喜ぶ」の意味をかけた（　　）、竹串に「外はにこにこ仲睦まじく」の意味で（　　）を刺した（　　）、そして餅の上には子孫代々の繁栄を願い（　　）を飾ります。

ウ京都のお雑煮は（　　）味噌に（　　）餅が一般的で、具材には（　　）芋などの縁起物を入れます。

エお正月は両端が削られた（　　）でお雑煮や料理をいただきます。

オおせち料理の中で特に重要なものといえば（　　）、（　　）、（　　）です。

カお膳には、三が日の間は箸をつけない（　　）が飾られます。

キお正月にいただく（　　）は、もとは宮中で食されていた菱葩を原型とするもので、丸い（　　）餅に紅の菱餅、（　　）餡、甘く煮た（　　）を置いて、半分に折ったものです。

ク小正月には（　　）と丸餅を（　　）に入れた（　　）を食べる風習があります。

⑤地蔵盆について次の（　）を埋めましょう

ア地蔵盆は、明治時代以前は（　　）または（　　）といわれ、子供の守り神とされる（　　）を祀るための仏教行事でした。

イ近畿地方で広く行われ、京都では（　　）ごとに行われます。

ウ大人による（　　）歌の奉納や「（　　）まわし」のほか、子供たちはゲームや福引きなどを楽しみます。

◀解答は78頁

月　日

①次の語を意味や関係のあるものと線で結びましょう

㋐いちびる	a	見当はずれ
㋑ちょける	b	かがむ
㋒ちょちょこばる	c	がんばる
㋓すかたん	d	時間が無い
㋔わや	e	おどける
㋕けったい	f	調子に乗る
㋖きばる	g	じれったい
㋗しんきくさい	h	鳥肌
㋘せわしない	i	変
㋙さぶいぼ	j	台無し

②次のお菓子とゆかりの場所を線で結びましょう

㋐狐煎餅	a	鞍馬口
㋑どら焼き	b	東寺
㋒幽霊子育飴	c	鳥羽街道
㋓松風	d	六道珍皇寺
㋔おせき餅	e	西本願寺
㋕鎌餅	f	伏見稲荷大社

③次の表は京都の伝説のキーワードを並べたものです選択肢の漢字を使って（　）を埋めましょう

選択肢→　蛸　鵺　輪　鉄　酒　明　猫　呑　晴　喬　惟
牛　源　雷　若

㋐［　］薬師	善光	八軸の経巻
㋑［　］［　］の井戸	命婦稲荷社	縁切り
㋒［　］の森	大将軍神社	源頼政
㋓首塚大明神	坂田金時	［　］［　］童子

㋔遍照寺	式神	安倍□□
㋕浮かれ□	光清寺	絵馬
㋖夜泣き峠	松の樹皮	□□親王
㋗琴きき橋	□仲国	小督局
㋘鞍馬山	□□丸	天狗
㋙菅原道真	□	くわばらくわばら

④次の文の（　　）を埋めましょう

㋐1月15日に近いの日曜日には、三十三間堂で江戸時代の（　　）に由来する「大的全国大会」が行われ、京都の冬の風物詩となっています。

㋑1月20日に鰤や鮭のアラで大根などをたいて食べる風習を（　　）といいます。

㋒節分の日には塩で漬けた（　　）を食べます。焼いたときの煙で鬼や疫病を退散させると信じられ、食べ残した頭は（　　）の枝に刺して玄関や軒先に飾ります。

㋓花街では、旧暦の大晦日にあたる節分の夜にいつもと違う装いで寺社におまいりをする（　　）という風習があります。

㋔2月の初めての午の日にあたる初午には、伏見稲荷大社で初午大祭が行われますが、この時期には煎餅種に白い摺り蜜をつけた（　　）の干菓子を茶席などで目にします。

㋕初午のお参りの帰りには、毎年前年より少し大きな（　　）の伏見人形を買って帰り、（　　）除けのため竈の上などに祀る風習がありました。

㋖初午の日のおばんざいといえば（　　）です。伏見稲荷大社を建立した（　　）伊呂具にかけた菜を同社に仕える狐の好物である（　　）をきかせて食べると縁起がよいと伝えられています。

㋗北野天満宮の梅苑の一部には豊臣秀吉の築いた（　　）の一部が残り、梅苑公開時のみ見ることができます。

◀解答は78頁

京都人の暮らし 24日目

月　日

① 次の語を意味や関係のあるものと線で結びましょう

- ㋐べったこ ・
- ㋑むしやしない ・
- ㋒おじや ・
- ㋓にぬき ・
- ㋔おこうこ ・
- ㋕いかき ・
- ㋖おいど ・
- ㋗でんぼ ・
- ㋘どんつき ・
- ㋙さら ・

- ・a　こぶ
- ・b　雑炊
- ・c　間食
- ・d　ゆでたまご
- ・e　ざる
- ・f　たくあん
- ・g　最下位
- ・h　おしり
- ・i　新品
- ・j　いきどまり

② （　　）を埋めて、京都のことわざを完成させましょう

㋐伊勢へ七たび熊野へ三度（　　　　）様へは月参り

㋑（　　　　）がすむと春がくる

㋒（　　　　）さんお断り

㋓（　　　　）の水、（　　　　）の賽、（　　　　）

㋔（　　　　）の舞台から飛び降りる

㋕（　　　　）夜船

㋖焼けて口開く（　　　　）御門

③ 京町家やその暮らしについて、次の（　　）を埋めましょう

㋐京町家は間口が狭く奥に長いことから、（　　　　）の寝床といわれます。

㋑町家には、吉田兼好が『（　　　　）』に「家の作りようは夏をむねとすべし」と記したように、蒸し暑い京都の夏を快適に過ごそうとする工夫が多く見られます。

㋒暑さを和らげる工夫として現在見直されている「（　　　　）」は単に涼をとるだけでなく、お客様を迎える準備や土ほこりを鎮める効果があります。朝は、玄関周辺を掃除する「（　　　　）」をした後に行います。

㋓京格子のうち、親格子と子格子からなり、子格子の上部を切り止めたものを（　　　　）格子といいます。

㋔（　　　）格子は、酒樽が当たっても壊れないように太い材で作られた頑丈な格子で（　　　）塗が施されています。

④次の文の（　　　）を埋めましょう

㋐ひな祭りは、もとは中国で（　　　）の日に行われていた禊に由来します。日本に伝わってひな飾りが生まれ、京都では男雛を向かって（　　　）、女雛を向かって（　　　）に飾るのが一般的です。

㋑ひな飾りの（　　　）の桜、（　　　）の橘は、京都御所の（　　　）の左右に植えられていることからきています。

㋒京都のひな祭りに欠かせないお菓子といえば、宮中の戴餅に由来する（　　　）です。その形が似るところから（　　　）餅ともいわれます。

㋓京都でひな祭りのお寿司といえば（　　　）寿司です。

㋔ひな祭りのおばんざいによく食べられるのは（　　　）です。わけぎなどの菜を赤貝やとり貝などと辛子をきかせた（　　　）味噌を使った（　　　）味噌で和えたものです。

㋕旧暦2月15日の涅槃会に食べる（　　　）はもとは仏様に供える（　　　）が訛ったものといわれています。

㋖3月25日から4月7日まで、（　　　）歌舞練場において（　　　）流による（　　　）をどりが開催されます。

⑤次の京野菜と関係のあるものを線で結びましょう

㋐京たけのこ・	・a 奈良漬
㋑京みょうが・	・b 伏見区桃山地区
㋒花菜・	・c ししとう
㋓京うど・	・d 伏見寒咲きなたね
㋔賀茂なす・	・e 中長なす
㋕京山科なす・	・f 辛子漬
㋖もぎなす・	・g しば漬
㋗伏見とうがらし・	・h 田楽
㋘田中とうがらし・	・i あおと
㋙桂うり・	・j 孟宗竹

◀解答は78頁

京都人の暮らし 25日目

月　日

①次の京野菜と関係のあるものを線で結びましょう

㋐柊野ささげ	・	・	a 中風のまじない
㋑鹿ヶ谷かぼちゃ	・	・	b 棒鱈
㋒えびいも	・	・	c 千枚漬
㋓聖護院だいこん	・	・	d ふろふき
㋔桃山だいこん	・	・	e 藤七だいこん
㋕時無しだいこん	・	・	f 菊座かぼちゃ
㋖辛味だいこん	・	・	g 三尺ささげ
㋗茎だいこん	・	・	h 鼠だいこん
㋘聖護院かぶ	・	・	i 上賀茂
㋙すぐき菜	・	・	j 中堂寺だいこん

②京町家やその暮らしについて、次の（　）を埋めましょう

㋐仕舞屋の表の間の格子を（　　　　）格子といい、出格子となっています。

㋑京町家の部屋と部屋の間に作られた小さな庭を（　　　　）といいます。

㋒玄関から奥へ続く細長い土間の下足の空間のことを（　　　　）庭といい、おくどさんのある炊事場は（　　　　）庭といいます。

㋓中国の故事にならい、邪気を払うために屋根の上に飾られる（　　　　）製の人形を（　　　　）さんと呼んでいます。

㋔町家の軒先の壁につけられた折り畳み式の縁台を（　　　　）といいます。

③次の文の（　）を埋めましょう

㋐4月1日から30日までのひと月間、（　　　　）歌舞練場において（　　　　）流による（　　　　）が開催されます。

㋑4月上旬の数日間、夜に平安神宮において（　　　　）コンサートが開催されます。南神苑と東神苑の（　　　　）がライトアップされ、（　　　　）池に面する貴賓館が舞台となります。

㋒京都で桜餅といえば、（　　　）で（　　　）餡を包んだものが一般的です。（　　　）漬けにした桜の葉で包みます。

㋓4月第1土曜日から16日間、（　　　）歌舞練場において（　　　）流による（　　　）おどりが開催されます。

㋔京都では数え年13歳になると、虚空蔵さんへ智恵を授かりに行く（　　　）をします。お参りのあと（　　　）を渡り終えるまでに後ろを振り返ると授かった智恵がなくなるといわれます。

㋕左京区の大原では、春と秋に（　　　）まつりが行われます。建礼門院に仕えていた阿波内侍の柴刈りの姿をまねたといわれる（　　　）は、頭に（　　　）をかぶり、（　　　）色の衣に御所染の帯をしめ、前垂れをつけて、脚絆と甲掛をはめています。

㋖5月1日から24日まで、（　　　）歌舞練場において（　　　）流による（　　　）をどりが開催されます。

④（　　　）を埋めて、京都のことわざを完成させましょう

㋐お粥隠しの（　　　）

㋑京では（　　　）と（　　　）が逆になる

㋒京に多きものは（　　　）と女

㋓（　　　）の水で（　　　）を洗うときれいになる

㋔稲荷詣でに（　　　）詣で

㋕（　　　）紫に京鹿の子

㋖弘法さんが（　　　）なら天神さんは（　　　）

◀解答は78頁

京都人の暮らし 26日目

月　　日

①次の京野菜と関係のあるものを線で結びましょう

㋐聖護院きゅうり	・	・a	初午の辛子あえ
㋑九条ねぎ	・	・b	春の七草
㋒京せり	・	・c	子孫繁栄の正月料理
㋓くわい	・	・d	ぬた
㋔じゅんさい	・	・e	一度絶滅
㋕東寺かぶ	・	・f	聚楽第
㋖堀川ごぼう	・	・g	絶滅
㋗壬生菜	・	・h	深泥池
㋘鶯菜	・	・i	水菜の自然交雑種
㋙畑菜	・	・j	早春の菜

②次の文の（　　）を埋めましょう

㋐端午の節句には、餡を入れた餅を（　　　　）の葉で包んだ（　　　　）を食べます。

㋑この日に食べる（　　　　）は、一般的には米粉で作った団子を（　　　　）の葉で包んだものですが、京都では葛ねりや羊羹を包んだものも好まれています。

㋒端午の節句に欠かせない植物である（　　　　）は葉の形が刀に似ていることや、独特の芳香があることから邪気を払うものとされ、葉をひたした湯に入る（　　　　）の習慣があります。

㋓また、（　　　　）とともに軒先に葺き並べて邪気を払う（　　　　）も、『枕草子』にも記載のある古くからの風習で、今も町家などに見ることができます。

㋔6月1日、2日に、平安神宮で行われる（　　　　）は昭和25年に京都市と（　　　　）の共催で始まりました。観世流、（　　　　）流、（　　　　）流の演者が出演します。

㋕6月30日には夏越の祓にちなみ、（　　　　）を食べます。葛や外郎の上に（　　　　）をのせ、（　　　　）形に切ったもので、その形は（　　　　）を象っています。

③夏越祓について、次の（　　）を埋めましょう

㋐（　　）月下旬には市内の多くの神社で夏越の神事が営まれます。

㋑夏越祓では、（　　）が置かれ、（　　）くぐりをします。くぐりかたには決まりがあり、（　　）まわり→（　　）まわり→（　　）まわりと８の字に（　　）回くぐって穢れを祓います。

㋒このとき、「（　　）月の夏越の祓する人は（　　）の命延ぶといふなり」と唱えるともいわれます。

④京都の三大念仏狂言について、次の（　　）を埋めましょう

㋐（　　）大念仏狂言は春と秋、そして節分会の期間中に（　　）において行われます。（　　）上人が始めたと伝えられ、春と秋の期間中は毎日最初に「（　　）」の演目が上演されます。

㋑（　　）大念仏狂言は、（　　）において、春と秋、そしてお松明式や嵐山もみじ祭で行われます。

㋒（　　）大念仏狂言は、毎年５月１日から４日まで（　　）において行われます。これは定覚上人が布教のために始めた（　　）が起こりとされています。

㋓これらの念仏狂言は、（　　）大念仏狂言と（　　）大念仏狂言が無言劇であるのに対し、（　　）大念仏狂言はほとんどの演目に台詞があります。

◀解答は78頁

京都人の暮らし 27日目

月　日

①京都では決まった日に決まって食べられるものがあります。それぞれの日に食べるものを選択肢から選びましょう。何度同じものを記入してもかまいません

選択肢→　小豆ごはん　鰊昆布　いもぼう　なます　おから　あらめとお揚げの炊き合わせ

㋐一日（　　　　　　　）
㋑八日（　　　　　　　）
㋒十五日（　　　　　　　）
㋓十八日（　　　　　　　）
㋔二十八日（　　　　　　　）
㋕月末（　　　　　　　）

②京漬物について次の（　　　）を埋めましょう

㋐京都の三大漬物といえば①（　　　　）漬、②（　　　　）漬、③（　　　　）です。

㋑①はなすやみょうがなどに大原特産の（　　　　）を用いて作られます。むかし、建礼門院が（　　　　）に隠棲していたときに村人から献上された漬物を気に入って「（　　　　）漬け」と名付けたといわれています。

㋒②は江戸時代に宮中で料理方を務めていた（　　　　）藤三郎が考案したと伝えられ、現在は発酵させず（　　　　）漬にしたものが主流となっています。

㋓③は、（　　　　）菜を（　　　　）漬けで塩漬けにしたものを（　　　　）酸発酵させたものです。

③次の文の（　　　）を埋めましょう

㋐7月に行われる祇園祭は別名（　　　　）祭ともいわれ、この時期には落としや葛叩き、寿司などさまざまな調理法でいただきます。

㋑7月1日から9月23日まで、嵐山の（　　　　）橋の上流、大堰川では（　　　　）が行われます。

㋒夏の土用には、丸めた餅を餡で包んだ（　　　）を食べます。

㋓7月31日夜から8月1日早朝にかけての愛宕神社の参拝は（　　　）祭とも呼ばれ、（　　　）日分の御利益があるといわれます。愛宕神社は火伏せの神として知られ、（　　　）歳までの子供が参るとその子は生涯火難を免れるといわれます。また京都の家の台所でよく見られる「（　　　）」の護符はこの神社で授与されるものです。

㋔8月1日、花街では芸舞妓が（　　　）姿で師匠やお茶屋に挨拶まわりをする習わしがあります。この日は、もとは旧暦の8月1日のことで、（　　　）と呼ばれます。

㋕京都では先祖の霊のことを「（　　　）さん」と呼び、（　　　）では8月7日から10日に盂蘭盆の（　　　）の行事が行われます。これを「（　　　）まいり」といいます。（　　　）を撞き、先祖の戒名を書いた（　　　）を（　　　）の葉で水をかけて供養し、その葉を持ち帰ります。同様の行事は（　　　）でも行われています。

㋖鐘を撞いて迎えた先祖の霊は、16日に（　　　）を撞いてお帰りいただきます。この鐘は寺町三条の（　　　）で撞くことができます。

㋗8月22日、23日には、かつて京の六口に配された地蔵にお参りする（　　　）めぐりを行い、無病息災を願います。現在は6つの寺院に安置され、（　　　）と呼ばれる色の異なるお札を集め、まとめて玄関につるすと御利益があるといわれます。それらは、鞍馬口地蔵の上善寺が赤、常盤地蔵の（　　　）が紫、桂地蔵の（　　　）が緑、鳥羽地蔵の浄禅寺が（　　　）、伏見地蔵の（　　　）が白、山科地蔵の徳林庵が（　　　）となっています。

◀解答は79頁

京都人の暮らし 28日目

月　　日

①次の文の（　　）を埋めましょう

㋐10月20日のゑびす講には、笹に小判といって笹の葉に見立てた（　　　）と、小判に見立てた（　　　）の汁物を食べます。

㋑11月1日から10日まで、（　　　）において（　　　）流による（　　　）をどりが開催されます。

㋒11月8日に、祇園の風情を愛した歌人としても知られる（　　　）を偲び、その歌碑の前で（　　　）祭が行われます。歌碑には祭りの名ともなった歌、「（　　　）祇園はこひし寝るときも（　　　）のしたを水のながるる」が刻まれています。

㋓11月下旬には、四条大橋東の（　　　）で、（　　　）興行の出演者の名前を書いた看板を上げる（　　　）が行われます。

㋔12月13日は（　　　）といわれ、花街や旧家ではこの日から（　　　）の準備を始める習わしがあります。

㋕12月13日から、北野天満宮において（　　　）の授与が始まります。これは新年の祝膳に欠かせないものと伝えられる縁起物です。

㋖12月14日には赤穂四十七士を偲び、（　　　）が祈願した（　　　）寺や念持仏のある（　　　）寺などで法要が行われます。また山科地区では、討ち入り装束姿の義士行列が（　　　）から（　　　）まで練り歩きます。

㋗大晦日の夜から元旦にかけて、八坂神社に（　　　）に行く風習があります。境内で焚かれる（　　　）火を（　　　）といわれる火縄に点けて持ち帰り、かつては灯明や雑煮を炊く火種として用いて、新しい一年の（　　　）を祈願しました。

②次の掛け声や決まり文句、オノマトペに関連するものを線で結びましょう

㋐ガンデンデン	・	・a	平安神宮節分祭
㋑サイレヤサイリョウ	・	・b	事始め
㋒エンヤラヤー	・	・c	祇園祭
㋓ホエカゴホイ	・	・d	鞍馬の火祭
㋔オニヤロー	・	・e	法界寺裸踊り
㋕ヨーイヤサー	・	・f	壬生念仏狂言
㋖チョウライチョウライ	・	・g	都をどり
㋗モーダーナンマイト	・	・h	空也踊躍念仏
㋘オコトーサンドス	・	・i	鷺森神社神幸祭
㋙サンヤレサンヤレ	・	・j	初ゑびす

③次の語を意味や関係のあるものと線で結びましょう

㋐うっとこ	・	・a	迷惑
㋑おっさん	・	・b	品がない
㋒こちょばい	・	・c	坊さん
㋓やくたい	・	・d	わたしのところ、わたしの家
㋔やすけない	・	・e	くすぐったい

④辻子の名称の（　）内を埋め、関係のあるものを線で結びましょう

㋐（　　）栗辻子	・	・a	江戸時代の芸術家の生家跡
㋑山（　　）辻子	・	・b	応仁の乱の西軍の総大将の邸宅跡
㋒膏（　　）辻子	・	・c	天性寺の山号
㋓（　　）荼羅辻子	・	・d	空也供養の道場
㋔了（　　）辻子	・	・e	宮川町
㋕（　　）阿弥辻子	・	・f	桃山時代の茶人の屋敷跡

◀解答は79頁

京都人の暮らし 29日目

月　日

①次の文の（　）を埋めましょう

㋐京都府立植物園は、（　）13年に開園した日本で最も古い公立総合植物園です。

㋑植物園敷地内の（　）の森は自然林が残されたもので、古くは流木神社と呼ばれていた（　）神社の境外末社があります。

㋒園内にある（　）文庫はベニテングタケをモチーフにした4棟の書架があり、令和5年にその中から世界的企業の創業者である（　）氏が「世界100か所のリトル フリー ライブラリー」に寄贈した本が見つかりました。

㋓令和5年に開園120周年を迎えた京都市動物園は、明治（　）年4月1日に大正天皇の御成婚を記念して、全国で（　）番目に開園した動物園です。

㋔園内の動物のうち、体の一部にハートマークの模様があることで人気があり、「音羽」と名付けられた動物といえば（　）です。

㋕京都市動物園には、日本で唯一3世代にわたる繁殖を成功させた（　）の家族がいます。

②学区制小学校について次の（　）を埋めましょう

㋐明治2年、京都市で住民自治組織による日本で最初の学区制小学校である（　）小学校が、（　）校創設されました。

㋑最初に開校した2校のうち、富小路通御池にあった（　）小学校は、のちに柳馬場通御池に移転して（　）小学校となりました。

㋒もう1校の（　）小学校は、その後（　）小学校に名前を変え、平成4年に他4校と統合して廃校となりました。

㋓この2校が開校した（　）月（　）日を「小学校開校の日」といいます。

③京都の散歩道について、次の（　）を埋めましょう

㋐北山通と北大路通の間の京都府立植物園に沿った賀茂川河川敷の桜並木の道を（　　　）といいます。

㋑衣笠山の麓に沿って、金閣寺から仁和寺に至る道を（　　　）といいます。

㋒野宮神社から大河内山荘へ至る道で、ドラマやＣＭにも数多く登場する道は（　　　）です。

㋓（　　　）は、平安時代から歌にも詠まれた道です。道筋には所説ありますが、当時の天皇や貴族が（　　　）へ赴く際に通った道で、梅宮大社から有栖川、広沢池を通る一帯に石碑があります。

④次の語を意味や関係のあるものと線で結びましょう

㋐もっさい・　　・a　嫌だ
㋑めいぼ・　　・b　いらっしゃい
㋒おいない・　　・c　ものもらい
㋓かなん・　　・d　野暮ったい
㋔よせる・　　・e　仲間に入れる

⑤次のわらべ歌の傍線が示している通り名を書きましょう

㋐　まるたけえびすにおしおいけ（　　　）
㋑　あねさんろっかくたこにしき（　　　）
㋒　しあやぶったかまつまんごじょう（　　　）
せったちゃらちゃらうおのたな
ろくじょうさんてつとおりすぎ
㋓㋔　ひっちょうこえればはっくじょう（　　　）（　　　）
じゅうじょうとうじでとどめさす

◀解答は79頁

㊀次に示す伝統工芸品は何でしょうか
選択肢から選びましょう

選択肢↓　京仏壇と京仏具　京焼　京石工芸品　京扇子
京指物　京うちわ　京小紋　京漆器　京くみひも
京友禅　京人形　京鹿の子絞　京繍　清水焼
京黒紋付染　西陣織

㋐京都で生産される陶磁器（　　　　）

㋑茶道具の棗や正月の膳などがあり、蒔絵や螺鈿が施される（　　　　）

㋒金釘を使わずに作られた箪笥や茶道具などの箱物（　　　　）

㋓能楽、舞、茶道、華道などの必需品（　　　　）

㋔江戸時代の伏見深草の土産物として有名（　　　　）

㋕嵯峨○○、賀茂○○、御所○○、伏見○○など（　　　　）

㋖彫刻、漆芸、金箔押し、錺金具、蒔絵と組み立てなどの分業で制作（　　　　）

㋗糸染めした糸で紋様を織り出す高級紋織物（　　　　）

㋘江戸時代の町絵師の考案によると伝えられる染物（　　　　）

㋙江戸のものより紋様が大きく、具象柄が多く多色染め（　　　　）

㋚布を糸でくくって染め上げる（　　　　）

㋛精緻な技法による刺繍（　　　　）

㋜黒引染、黒浸染（　　　　）

㋝丸台、角台、高台などを使って数十本の糸を組みあげる（　　　　）

㋞白川石、庭園装飾（　　　　）

②（　　）を埋めて、京都のことわざを完成させましょう

㋐（　　　）男に（　　　）女

㋑（　　　）三切れ

㋒化野の（　　　）、（　　　）の煙

㋓あがったり（　　　）

㋔京は（　　　）のべっぴんさん

㋕（　　　）の鼻と愛宕山

㋖朝（　　　）、夕念仏

③次の語を意味や関係のあるものと線で結びましょう

㋐おかいさん・　　・a　お灸

㋑おじゃみ　・　　・b　お手玉

㋒ぐじ　・　　・c　甘鯛

㋓しがんだ　・　　・d　噛みしめる

㋔しゅむ　・　　・e　筋肉痛

㋕身がいる　・　　・f　にじむ

㋖やいと　・　　・g　粥

㋗しがむ　・　　・h　痩せっぽち

◀解答は79頁

ひとやすみ

①町家建築について、次のイラストの部分名称は何というでしょうか

A（　　　　　）
B（　　　　　）
C（　　　　　）
D（　　　　　）
E（　　　　　）
F（　　　　　）
G（　　　　　）
H（　　　　　）
I（　　　　　）
J（　　　　　）
K（　　　　　）
L（　　　　　）
M（　　　　　）

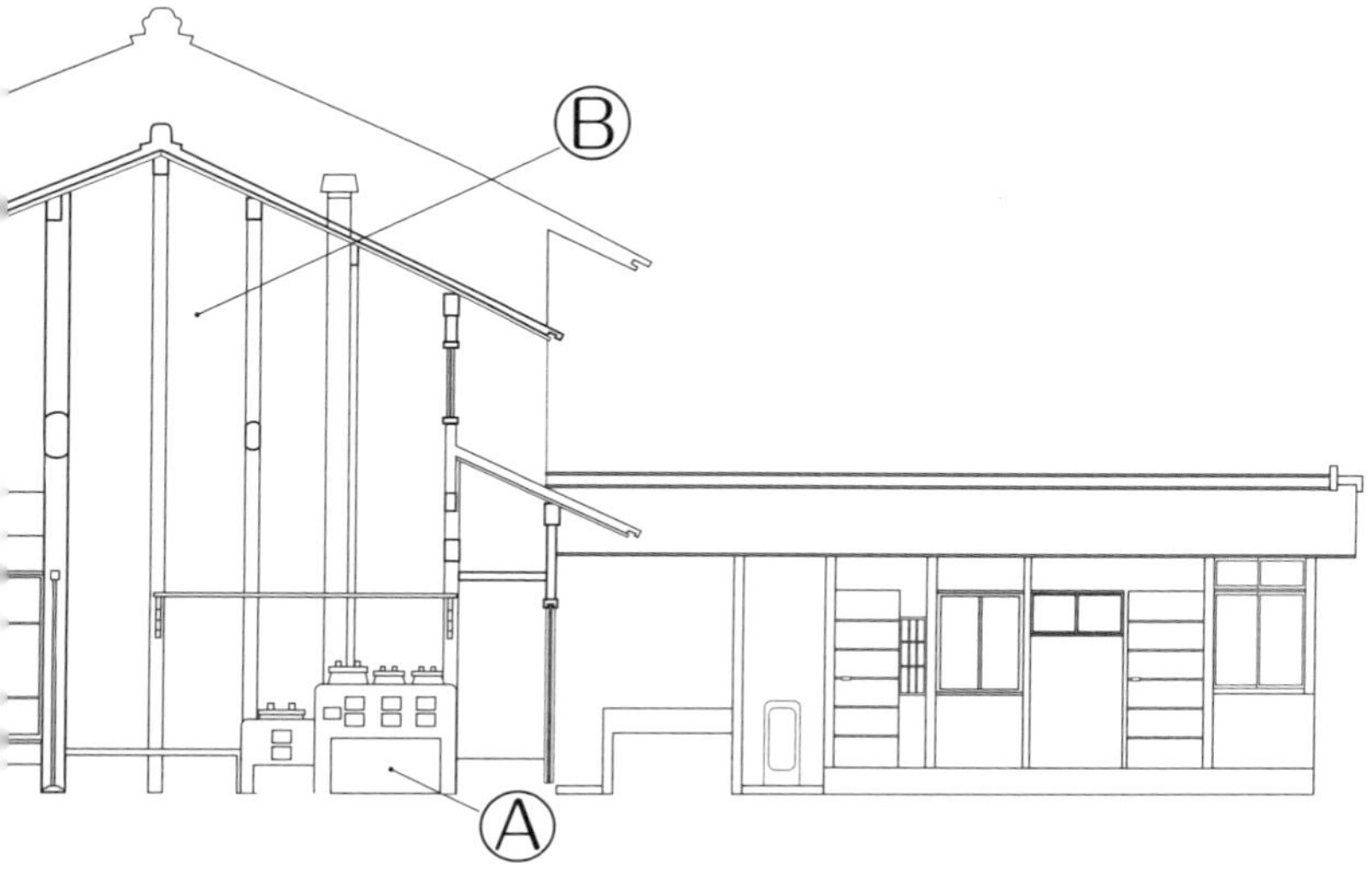

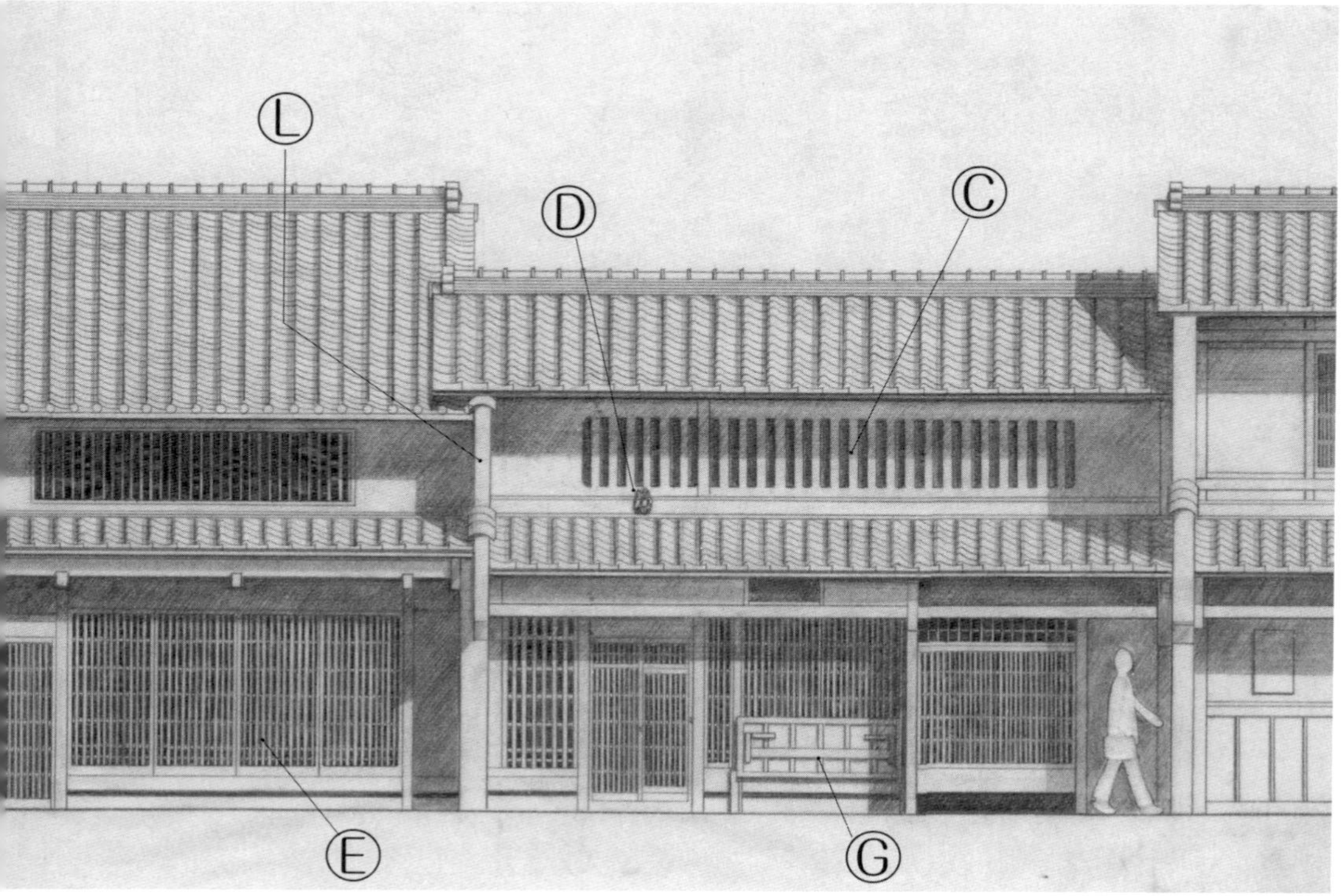

illustration: YAMAMOTO RYOSUKE

②町家建築の構成のひとつで通りに面した建物と生活の間が別れている形式を何造りというでしょうか

（　　　　）造り

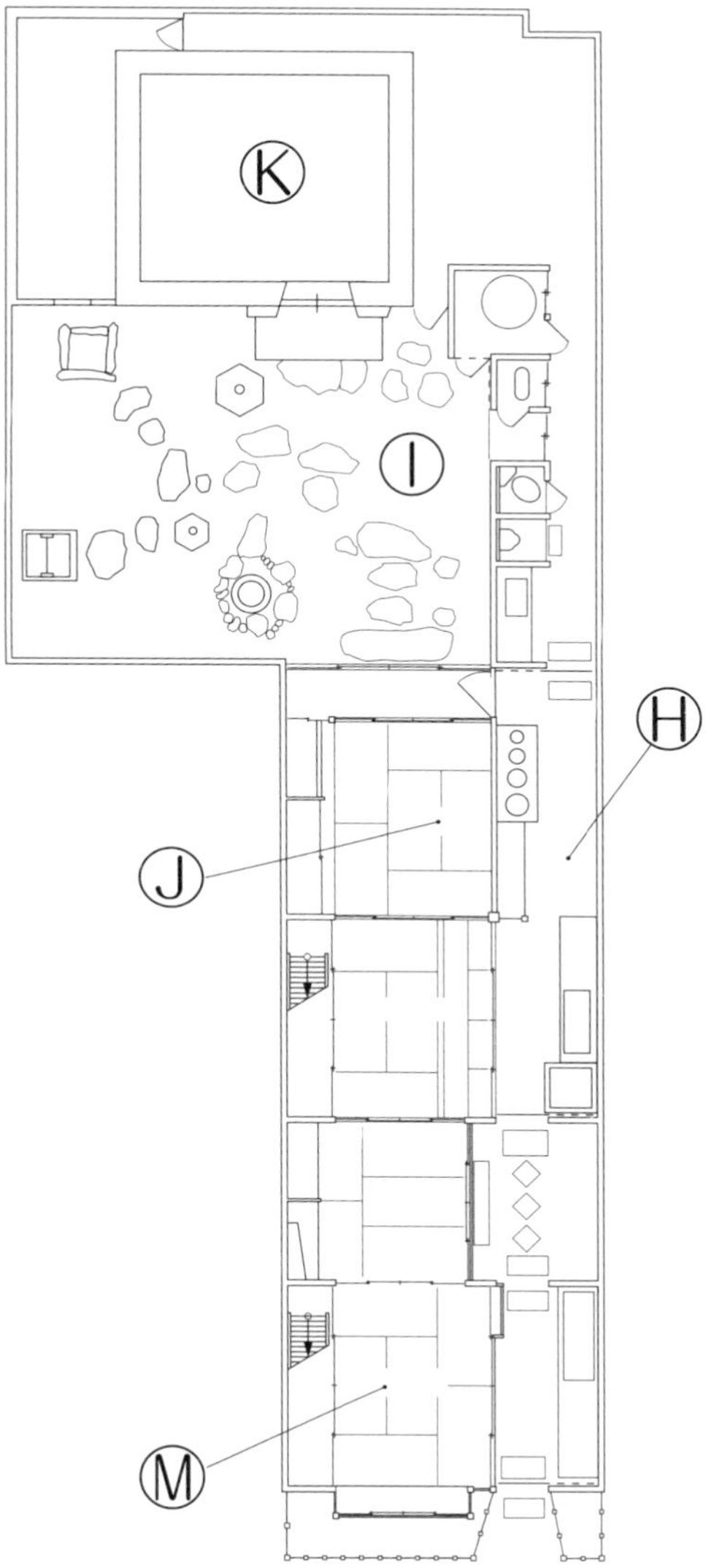

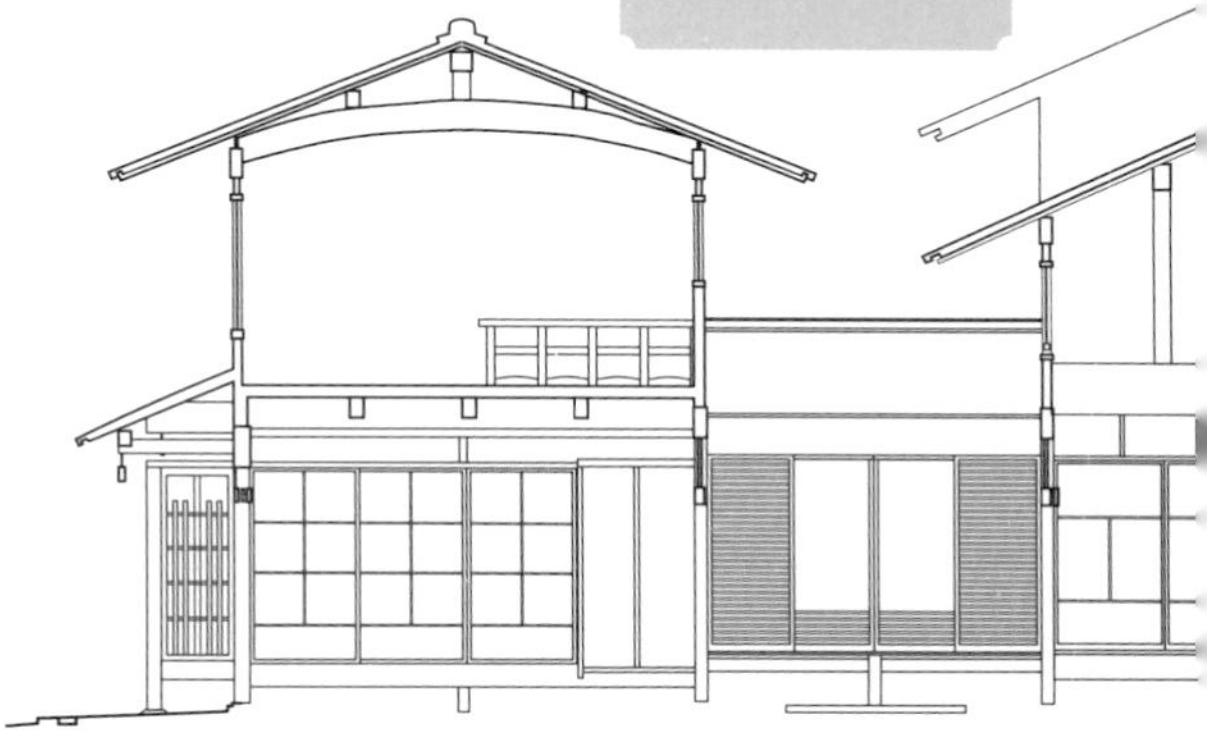

◀解答は79頁

22日目の解答［58～59ページ］

① ㋐c ㋑d ㋒a ㋓f ㋔e ㋕b ㋖h ㋗g ㋘j ㋙i
② ㋐d ㋑b ㋒a ㋓c ㋔f ㋕e
③ ㋐頼、光 ㋑猿 ㋒宗、旦 ㋓報、恩 ㋔水、火 ㋕革 ㋖弁、慶 ㋗合、槌
④ ㋐根引松または根引の松 ㋑2、裏白、ゆずり葉、昆布、古老柿、串柿、橙 ㋒白、丸、頭 ㋓柳箸 ㋔ごまめ、たたき牛蒡、数の子 ㋕にらみ鯛 ㋖はなびら餅、白、味噌、牛蒡 ㋗小豆、粥、小豆粥
⑤ ㋐地蔵祭、地蔵会、地蔵菩薩 ㋑町内 ㋒御詠、数珠

23日目の解答［60～61ページ］

① ㋐f ㋑e ㋒b ㋓a ㋔j ㋕i ㋖c ㋗g ㋘d ㋙h
② ㋐f ㋑b ㋒d ㋓e ㋔c ㋕a
③ ㋐蛸 ㋑鉄、輪 ㋒鵺 ㋓酒、呑 ㋔晴、明 ㋕猫 ㋖惟、喬 ㋗源 ㋘牛、若 ㋙雷
④ ㋐通し矢 ㋑骨正月 ㋒鰯、柊 ㋓節分おばけ ㋔きつね面 ㋕布袋、火難または火 ㋖畑菜の辛子和え、秦、辛子 ㋗御土居

24日目の解答［62～63ページ］

① ㋐g ㋑c ㋒b ㋓d ㋔f ㋕e ㋖h ㋗a ㋘j ㋙i
② ㋐愛宕 ㋑お水取り ㋒一見 ㋓鴨川、双六、山法師 ㋔清水 ㋕白川 ㋖蛤
③ ㋐鰻 ㋑徒然草 ㋒打ち水、門掃き ㋓糸屋 ㋔酒屋、紅殻
④ ㋐上巳、右、左 ㋑左近、右近、紫宸殿 ㋒引千切、あこや ㋓ばら ㋔てっぱい、白、酢 ㋕花供曽、花供御 ㋖上七軒、花柳、北野
⑤ ㋐j ㋑g ㋒d ㋓b ㋔h ㋕e ㋖f ㋗i ㋘c ㋙a

25日目の解答［64～65ページ］

① ㋐g ㋑f ㋒b ㋓d ㋔h ㋕e ㋖a ㋗j ㋘c ㋙i
② ㋐仕舞屋 ㋑坪庭 ㋒通り、走り ㋓瓦、鍾馗 ㋔ばったり床几
③ ㋐祇園甲部、井上、都をどり ㋑紅しだれ、紅枝垂桜、栖鳳 ㋒道明寺粉、こし、塩 ㋓宮川町、若柳、京 ㋔十三参り、渡月橋 ㋕大原女、大原女、手ぬぐい、紺 ㋖先斗町、尾上、鴨川
④ ㋐長暖簾 ㋑右、左 ㋒寺 ㋓鴨川、顔 ㋔愛宕 ㋕江戸 ㋖雨、晴れ

26日目の解答［66～67ページ］

① ㋐e ㋑d ㋒b ㋓c ㋔h ㋕g ㋖f ㋗i ㋘j ㋙a
② ㋐柏、柏餅 ㋑粽、笹 ㋒菖蒲、菖蒲湯 ㋓蓬、軒菖蒲 ㋔京都薪能、京都能楽会、金剛、大蔵 ㋕水無月、小豆、三角、氷室の氷
③ ㋐6 ㋑茅の輪、茅の輪、左、右、左、3 ㋒水無、千年
④ ㋐壬生、壬生寺、円覚、炮烙割 ㋑嵯峨、嵯峨釈迦堂または清

涼寺　㋒ゑんま堂、千本ゑんま堂または引接寺、大念仏踊
㋓壬生、嵯峨、ゑんま堂

27日目の解答［68～69ページ］

①㋐小豆ごはん、鰊昆布、なます　㋑あらめとお揚げの炊き合わせ　㋒小豆ごはん、いもぼう、なます　㋓あらめとお揚げの炊き合わせ　㋔あらめとお揚げの炊き合わせ　㋕おから

②㋐①しば　②千枚　③すぐき　㋑紫蘇、寂光院、紫葉　㋒大藤、酢　㋓すぐき、天秤、乳

③㋐鱧　㋑渡月、鵜飼　㋒あんころ　㋓通夜、千、3、火迺要慎　㋔黒紋付、八朔　㋕おしょらい、六道珍皇寺、お精霊迎え、六道、迎え鐘、水塔婆、高野槇、千本ゑんま堂または引接寺　㋖送り鐘、矢田寺　㋗六地蔵、お幡、源光寺、地蔵寺、黄、大善寺、青

28日目の解答［70～71ページ］

①㋐青ねぎ、はんぺん　㋑祇園会館、藤間、祇園　㋒吉井勇、かにかくに、かにかくに、枕　㋓南座、吉例顔見世、まねき上げ　㋔事始め、正月　㋕大福梅　㋖大石内蔵助、法住、岩屋、毘沙門堂、大石神社　㋗をけら詣り、をけら、吉兆縄、無病息災

②㋐f　㋑d　㋒c　㋓j　㋔a　㋕g　㋖e　㋗h　㋘b　㋙i

③㋐d　㋑c　㋒e　㋓a　㋔b

④㋐団　㋑名　㋒薬　㋓曼　㋔頓　㋕本

㋐e　㋑b　㋒d　㋓c　㋔f　㋕a

29日目の解答［72～73ページ］

①㋐大正　㋑なからぎ、上賀茂　㋒きのこ、ビル・ゲイツ　㋓36、2　㋔キリン　㋕ニシゴリラ

②㋐番組、64　㋑上京第二十七番組、柳池　㋒下京第十四番組、修徳　㋓5、21

③㋐半木の道　㋑きぬかけの路　㋒竹林の道または竹林の小径　㋓千代の古道、大覚寺

④㋐d　㋑c　㋒b　㋓a　㋔e

⑤㋐夷川通　㋑蛸薬師通　㋒万寿寺通　㋓七条通　㋔八条通

30日目の解答［74～75ページ］

①㋐京焼、清水焼　㋑京漆器　㋒京指物　㋓京扇子　㋔京うちわ　㋕京人形　㋖京仏壇と京仏具　㋗西陣織　㋘京友禅　㋙京小紋　㋚京鹿の子絞　㋛京繍　㋜京黒紋付染　㋝京くみひも　㋞京石工芸品

②㋐東、京　㋑あかん　㋒露、鳥辺山　㋓大明神　㋔おロ　㋕猫　㋖題目

③㋐g　㋑b　㋒c　㋓h　㋔f　㋕e　㋖a　㋗d

ひとやすみの解答［76～77ページ］

①Aおくどさん　B火袋　C虫籠窓　D鍾馗さん　E町家格子　F駒寄せ　Gばったり床几　H通り庭　I奥庭（前栽）　J座敷（奥の間）　K蔵　L卯建　Mミセ（店の間）

②表屋造り

主な参考文献

・『新版 京都・観光文化検定試験 公式テキストブック』
監修／森谷尅久　京都商工会議所編　２０１６年　淡交社

・『京都暮らしの大百科』
監修／梅原猛・森谷尅久・市田ひろみ　２００２年 淡交社

・『ビジュアルワイド　京都の大路小路』
監修／森谷尅久　２００３年　小学館

・『歴史散歩26　京都府の歴史散歩 中』
京都府歴史遺産研究会編　２０１１年　山川出版社

・『京都大文字五山送り火』
財団法人京都市文化観光資源保護財団・大文字五山保存会連合会編
２０１１年 財団法人京都市文化観光資源保護財団

・『日本歴史地名大系27　京都市の地名』
１９７９年　平凡社

・『京都地名語源辞典』
吉田金彦・糸井通浩・綱本逸雄編　２０１３年 東京堂出版

・『京ことばの辞典』
大原穣子著　２００８年　研究社

デザイン　KOTO DESIGN Inc.
山本剛史

京都ドリル

令和六年三月十九日　初版発行

編　者　淡交社編集局
発行者　伊住公一朗
発行所　株式会社　淡交社
本社　〒六〇三―八五八八
京都市北区堀川通鞍馬口上ル
営業　〇七五（四三二）五一五六
編集　〇七五（四三二）五一六一
支社　〒一六二―〇〇六一
東京都新宿区市谷柳町三九―一
営業　〇三（五二六九）七九四一
編集　〇三（五二六九）一六九一
www.tankosha.co.jp

印刷・製本　亜細亜印刷株式会社

ISBN978-4-473-04584-3